Espiritualidad pleyadiana

Secretos de las Pléyades, astrología y mensajes de los pleyadianos

© Copyright 2025

Todos los derechos reservados. Ninguna parte de este libro puede ser reproducida de ninguna forma sin el permiso escrito del autor. Los revisores pueden citar breves pasajes en las reseñas.

Descargo de responsabilidad: Ninguna parte de esta publicación puede ser reproducida o transmitida de ninguna forma o por ningún medio, mecánico o electrónico, incluyendo fotocopias o grabaciones, o por ningún sistema de almacenamiento y recuperación de información, o transmitida por correo electrónico sin permiso escrito del editor.

Si bien se ha hecho todo lo posible por verificar la información proporcionada en esta publicación, ni el autor ni el editor asumen responsabilidad alguna por los errores, omisiones o interpretaciones contrarias al tema aquí tratado.

Este libro es solo para fines de entretenimiento. Las opiniones expresadas son únicamente las del autor y no deben tomarse como instrucciones u órdenes de expertos. El lector es responsable de sus propias acciones.

La adhesión a todas las leyes y regulaciones aplicables, incluyendo las leyes internacionales, federales, estatales y locales que rigen la concesión de licencias profesionales, las prácticas comerciales, la publicidad y todos los demás aspectos de la realización de negocios en los EE. UU., Canadá, Reino Unido o cualquier otra jurisdicción es responsabilidad exclusiva del comprador o del lector.

Ni el autor ni el editor asumen responsabilidad alguna en nombre del comprador o lector de estos materiales. Cualquier desaire percibido de cualquier individuo u organización es puramente involuntario.

Su regalo gratuito

¡Gracias por descargar este libro! Si desea aprender más acerca de varios temas de espiritualidad, entonces únase a la comunidad de Mari Silva y obtenga el MP3 de meditación guiada para despertar su tercer ojo. Este MP3 de meditación guiada está diseñado para abrir y fortalecer el tercer ojo para que pueda experimentar un estado superior de conciencia.

https://livetolearn.lpages.co/mari-silva-third-eye-meditation-mp3-spanish/

¡O escanee el código QR!

Tabla de contenidos

INTRODUCCIÓN 1
CAPÍTULO UNO: BIENVENIDOS A LAS PLÉYADES 3
CAPÍTULO DOS: SEMILLAS ESTELARES PLEYADIANAS 12
CAPÍTULO TRES: SABIDURÍA PLEYADIANA 23
CAPÍTULO CUATRO: ASTROLOGÍA PLEYADIANA 35
CAPÍTULO CINCO: LOS PLEYADIANOS Y LA ERA DE ACUARIO 43
CAPÍTULO SEIS: CARTAS NATALES DE SEMILLAS ESTELARES 49
CAPÍTULO SIETE: IDENTIFICANDO SUS ORÍGENES
PLEYADIANOS 55
CAPÍTULO OCHO: EL LENGUAJE DE LA LUZ PLEYADIANA 63
CAPÍTULO NUEVE: CONECTANDO CON UN GUÍA
PLEYADIANO 76
CAPÍTULO DIEZ: SANACIÓN Y TRABAJO DE LA LUZ 90
CONCLUSIÓN 99
GLOSARIO 102
VEA MÁS LIBROS ESCRITOS POR MARI SILVA 104
SU REGALO GRATUITO 105
REFERENCIAS 106
FUENTES DE IMAGENES 108

Introducción

El hecho de que esté leyendo esto ahora mismo dice una cosa sobre usted: es un buscador de luz. *No es una coincidencia que haya encontrado este libro.* Se embarcará en un viaje que le cambiará de maneras inesperadas. Está a punto de sumergirse profundamente en la espiritualidad pleyadiana, y ni una sola persona que haya hundido un dedo del pie en este vasto océano ha salido de él de la misma manera. Pero no se preocupe, porque puede estar seguro de que la transformación que experimente será tan asombrosa que se preguntará cómo es posible que haya podido vivir durante tanto tiempo de otra manera.

Las páginas de este libro invitan a acompañarle en un viaje estelar que va más allá de los límites de lo ya conocido. Este libro es una invitación a los vastos reinos de las Pléyades. Para algunos, las Pléyades no son más que un sistema estelar, en el mejor de los casos, para ser admirado y, en el peor, ignorado. Sin embargo, hay mucho más en ese sistema de lo que parece. Este sistema ha fascinado a los místicos, buscadores y soñadores desde la antigüedad. Las estrellas pleyadianas tienen muchos secretos que compartir, y su antigua sabiduría no tiene parangón.

Este libro no se parece a ningún otro sobre el tema de la espiritualidad pleyadiana. Escrito en un castellano fácil de entender, los mensajes que contiene son sencillos. También encontrará este libro repleto de técnicas y herramientas para ayudarle a conectarse con su ascendencia pleyadiana. Los métodos para explorar su espiritualidad pleyadiana son fáciles. Eso significa que no se quedará rascándose la cabeza confundido sobre qué hacer.

Los secretos de los pleyadianos están disponibles para aquellos con corazones abiertos y espíritus receptivos. Descubrirá las profundas enseñanzas y percepciones que los majestuosos seres pleyadianos tienen para compartir con la humanidad. Estas enseñanzas conducirán a la evolución final de la Tierra hacia lo que se suponía que debía ser: un mundo glorioso y hermoso, un hogar acogedor para todos los seres del cosmos.

En lo profundo de su alma, resuenan las energías pleyadianas. Si bien es posible que no lo sepa en este momento, algo en usted está fuertemente conectado con el grupo cósmico de seres que llaman hogar al cúmulo estelar pleyadiano. Aprenderá que está literalmente hecho de materia estelar, lo que significa que es divinidad en la carne. Es hora de que despierte a lo que realmente es y de que tome conciencia del potencial espiritual que lleva.

A medida que lea este libro, estará equipado con las herramientas para descubrirse a sí mismo y recordar todas las piezas de su alma. Piense en las páginas como un portal que le conecta directamente con su ascendencia pleyadiana y las enseñanzas de estos seres atemporales. Si está listo para transformar radicalmente su vida y asumir su papel como semilla estelar pleyadiana, ¿qué está esperando? *Sumérjase de lleno.*

Capítulo uno: Bienvenidos a las Pléyades

Por un momento, asuma que tiene el poder de volar. Es hora de emprender un viaje que cambiará su vida. Está parado afuera cuando golpea ligeramente su pie contra el suelo, y ese pequeño movimiento le eleva en el aire, donde permanece suspendido. Se impulsa hacia el gran cielo azul con nubes blancas y esponjosas que recuerdan al algodón de azúcar. Siga elevándose, atravesando las nubes, temblando un poco ante la sensación en su piel mientras se mueve. Pero es una buena sensación. Continúe, moviéndose hacia arriba, ganando impulso, sintiendo el viento azotar su cara. El aire es más delgado aquí, pero todo está bien. De alguna manera, todavía puede respirar. De alguna manera, se siente más vivo que nunca.

Ahora, está en el espacio. Continúa su viaje, mirando con asombro los cuerpos celestes en el universo. Está viajando a la velocidad de la luz cuando, ¡bam! Se detiene de repente. A su alrededor hay centenares de estrellas que brillan intensa y hermosamente. Ahora está a 444 años luz de distancia de la Tierra, flotando en medio de las Pléyades, una constelación que forma parte de un cúmulo estelar más grande conocido como la constelación de Tauro. Ahí está, en carne y hueso, con las Siete Hermanas.

Datos astronómicos sobre las Pléyades

Las Pléyades [1]

También conocidas como M45, las Pléyades se pueden ver desde la Tierra desde mediados de junio hasta principios de mayo. Es posible que no pueda volar, pero si alguna vez está en el hemisferio norte, puede ver las estrellas por la noche a partir de octubre y durante todo el invierno. Este sistema estelar está a 444,2 años luz de distancia. Un año luz es la distancia que recorre la luz en un año, que es de 5,8 billones de millas.

Claro, las estrellas se llaman las Siete Hermanas, pero hay más de 1.000 estrellas en el cúmulo. Algunas estrellas brillan lo suficiente como para que la luz se refleje en el polvo azul y las nebulosas de gas que las rodean. Seis estrellas son tan brillantes que se pueden ver sin un telescopio. Galileo Galilei fue el primero en examinar de cerca las Pléyades utilizando un telescopio. Vio más de 40 estrellas en ese cúmulo. La primera fotografía fue tomada en 1885 por Paul y Prosper Henry.

La mitología de las Pléyades

Gracias a la alta visibilidad de este cúmulo estelar, las Pléyades son importantes para muchas culturas. Los vikingos veían las estrellas como las gallinas de Freyja. La mitología griega dice que eran las siete hijas de Atlas, el titán. Dado que Atlas tenía que cargar con el castigo de mantener el cielo en su lugar por toda la eternidad, no podía mantener a sus hijas a salvo de Orión, el cazador, que buscaba violarlas. Zeus trató de ayudar convirtiendo a las hijas de Atlas en estrellas. Lamentablemente, esto no hizo nada para detener a Orión, que también se convirtió en una constelación. Ahora persigue a las Siete Hermanas por el cielo. ¿Cómo se llaman las hermanas? Alcione, Maia, Electra, Merope, Taygete, Celaeno y Asterope o Sterope. Su madre es Pleione, la diosa del mar. Algunos de los dioses del Olimpo se comprometían con las hermanas. La hermana menor era Mérope, y más tarde se casaría con Sísifo. Su matrimonio la hizo mortal y se desvaneció, y es por eso que una estrella no brilla tanto como las otras seis.

Los europeos de la Edad del Bronce creían que el cúmulo tenía que ver con los funerales y el luto, ya que se elevaba por el este mientras el sol se ponía durante Samhain o Halloween, cuando se recordaba y celebraba a los muertos. El calendario de los aztecas mexicanos y centroamericanos estaba relacionado con las Pléyades. Veían el cúmulo estelar como una señal de que el nuevo año estaba cerca, y siempre comenzaban el nuevo año cuando las Pléyades salían justo antes del sol. Este fenómeno se conocía como el *levantamiento heliaco,* que importaba a muchas culturas antiguas, ya que era el comienzo de la temporada de siembra. Esta es también la razón por la que las Pléyades se asocian con la abundancia y la fertilidad.

Los maoríes de Nueva Zelanda también tenían en alta estima a las Pléyades, ya que su ascenso era el comienzo del nuevo año. Llamaban al cúmulo estelar *Matariki,* y era el heraldo de las fiestas y celebraciones, así como un momento para honrar a los muertos. Matariki es madre, y las otras seis estrellas son sus hijas.

En la mitología aborigen, las Siete Hermanas son llamadas las *hermanas Napaltjarri.* El desierto era su hogar, y vivían con su padre, que era un cazador legendario. Las cosas cambiaron cuando Jilbi Tjakamarra llegó al desierto y se enamoró de las hermanas. Tenía poderes mágicos, que usaba para hacer que las hermanas se enamoraran de él, pero no estaban interesadas.

Finalmente, tuvieron que huir y esconderse de Jilbi. Las hermanas viajaron a Uluru, donde se tomaron un descanso para buscar hormigas melíferas. Tan pronto como llegaron, Jilbi los alcanzó. Estaban cansadas de correr, asustadas del hombre que las quería por cualquier medio necesario, y sin saber qué hacer con su situación. Entonces, se dirigieron a los espíritus de Uluru, quienes se ofrecieron a ayudarlas. Los espíritus de Uluru convirtieron a las hermanas en estrellas y las colocaron en el cielo nocturno. Esto molestó mucho a Jilbi. Finalmente se convertiría en la estrella de la mañana, que está en el cinturón de Orión, para poder continuar persiguiendo a las hermanas, como todavía lo hace hoy.

Los sioux norteamericanos también tienen su propia leyenda sobre las Pléyades. Dicen que están conectadas con la Torre del Diablo. Sostienen que las estrellas eran siete mujeres que huían de un oso. Se acercaron a los dioses, quienes respondieron a sus oraciones levantando el suelo bajo sus pies en el aire para que el oso no pudiera alcanzarlas. Entonces, estas mujeres se convirtieron en estrellas.

Para los hindúes, la constelación de estrellas de la Osa Mayor era conocida como los *Rishis*. Los Rishis se casaron con siete hermanas llamadas *Krittika*. Al principio, todos eran felices juntos en el cielo del norte. Pero entonces, Agni, el dios del fuego, se enamoró de la Krittika. Hizo todo lo posible por no actuar e incluso se internó en el bosque para evitarlos. En el bosque, encontró a Svaha, la estrella Zeta Tauri. Svaha estaba enamorada de él y quería su amor por todos los medios posibles. Entonces, se puso un disfraz para parecerse a seis de las Krittika, y Agni se enganchó. Svaha daría a luz a un niño, y con el tiempo, se rumoreó que las seis Krittika eran sus madres. Cuando este rumor llegó a los Rishis, se divorciaron de sus esposas. La única esposa que permaneció casada con su marido fue Arundhati. Su marido es la estrella llamada Alcor. En cuanto a las otras seis ex esposas, se convertirían en las Pléyades.

¿Quién canaliza a los pleyadianos?

Los pleyadianos son extraterrestres que hablan a través de canales como una corriente de conciencia colectiva. Barbara J. Marciniak fue la primera en canalizarlas. Siempre le interesó la metafísica, que estudió intensamente. En su trabajo, da crédito a *The Seth Material*, un libro escrito por la entidad conocida como Seth, canalizado por la difunta Jane Roberts. Gracias a *The Seth Material*, Barbara aprendió todo lo que necesitaba para hacer una conexión consciente con los pleyadianos. Esta ávida viajera canalizaría por primera vez a los pleyadianos en mayo de 1988 en Atenas, Grecia, después de haber tenido una profunda experiencia espiritual en la gran pirámide de Giza. Ahora que conoces los canales, ¿qué pasa con los alienígenas?

¿Quiénes son los pleyadianos?

Los pleyadianos son los antepasados de la humanidad porque estuvieron aquí mucho antes de que existieran los humanos. Algunos querían ser parte de la creación y el mantenimiento de la Tierra, por lo que también se encarnaron en la Tierra como humanos. Muchos querían participar en el experimento destinado a convertir la Tierra en un centro intergaláctico lleno de paz y luz. Desafortunadamente, las cosas no han salido según lo planeado, y la humanidad está sufriendo por ello. Los pleyadianos han hecho contacto con la humanidad para ayudar a la Tierra y a su gente a sanar de este sufrimiento. Aquellos que están en contacto con ellos aprenden cómo cambiar del mundo tridimensional (Tierra) a mundos dimensionales superiores que aún no pueden ser percibidos con las herramientas científicas actuales.

La razón por la que los pleyadianos están ayudando a los humanos a aprender a hacer este cambio a reinos superiores es porque esto ayudará con la ascensión de la raza a ser lo que originalmente estaba destinada a ser: un pueblo amoroso y pacífico consciente y en contacto con los aspectos multidimensionales de su alma. Esto significaría que, finalmente, los humanos podrían crear un mundo libre del caos y la tiranía que plaga la Tierra actual.

Durante la formación de la Tierra, a la que se refieren como *Terra*, algunos de ellos quisieron encarnarse para poder experimentar cómo sería recrearse como humanos. Su sociedad está arraigada en el amor, que es algo que la humanidad necesita urgentemente. Estos alienígenas tienen la misma tecnología que nosotros. Trabajan con computadoras. Sin embargo, ahí es donde termina la similitud en nuestra tecnología, ya que están muchos kilómetros por delante de nosotros con sus habilidades.

Los pleyadianos tienen la tecnología para transportarse desde 444,2 años luz de distancia a la Tierra más rápido de lo que pueda imaginar. También tienen varios medios de transporte, pero en su mayoría harán este viaje a la Tierra utilizando naves espaciales que llaman "naves nodriza". Estas naves se extienden alrededor de una milla de largo, sirviendo como hogar a miles de pleyadianos. Pueden llegar a la Tierra desde las Pléyades en días. También tienen naves disco que viajan más rápido que las naves nodrizas, haciendo el viaje en horas.

No es fácil para los pleyadianos trabajar con el sistema humano de cronometrar las cosas porque las horas y los minutos no se experimentan de la misma manera para ellos. La tecnología pleyadiana es mucho más avanzada que la que está disponible para los humanos. Es antigua, con orígenes de un universo diferente que ha evolucionado hasta el punto de regresar a la fuente de todas las cosas, que los alienígenas llaman *Primera Causa*. La única razón por la que los pleyadianos han optado por renunciar a esta evolución es porque están profundamente comprometidos con el crecimiento de la humanidad. Por lo tanto, se les permitió compartir lo que saben porque toda su tecnología está arraigada en principios que están de acuerdo con la *Primera Causa*, y no son dados a actuar de maneras que no se alineen con el amor y el crecimiento.

Los humanos no son los únicos que están en contacto con ellos. Trabajan con otros sistemas solares que tienen sus propios seres únicos. Los pleyadianos dicen que todo el universo es un experimento en el que cada ser tiene libre albedrío, pero que los humanos no tienen una comprensión fundamental de lo que realmente es el libre albedrío. Dicen que se trata de la idea de que lo que sea que desees, puedes tenerlo. Puedes hacer lo que quieras. Ese es el sentido de existir en este universo.

El objetivo de 'Terra', según los pleyadianos

Terra, o Tierra, fue creada por razones específicas. Estaba destinada a ser un centro comercial para el sistema solar. Piense en la Tierra como si fueran varios puertos en diferentes ciudades. Estaba destinada a marcar las tendencias y ser el semillero del progreso cultural e ideológico. Sin embargo, *Terra* eventualmente se desviaría de esto.

La Tierra estaba destinada a ser la joya de la corona del universo, el epítome de la belleza. Estaba destinada a permitir el intercambio de ideas, el crecimiento del amor y la libertad, y un hogar para todas las criaturas del universo. Desgraciadamente, no es así. Ocurrieron hechos sin precedentes que descarrilaron el plan original. Las cosas cambiaron porque no se puede violar el principio del libre albedrío, lo que significa que no puede haber expectativas firmes sobre cómo irán las cosas. Sin embargo, los pleyadianos aseguran a todos que no hay razón para llorar eso porque el cambio está llegando.

En un pasado muy lejano, hace millones de años, una fuerza vendría a interrumpir el objetivo original de la creación de *Terra*. Esta fuerza no era más que otro experimento, que representaba otra forma de existencia. Es posible que tenga la tentación de pensar en ella como una fuerza maligna, pero desde la perspectiva pleyadiana, es solo otra forma de ser y ver las cosas. Esta raza alienígena mantiene una postura neutral con respecto a todos los temas.

La fuerza tuvo un efecto tremendo en la Tierra y creó confusión en todas las jerarquías universales. Se han hecho muchos intentos para corregir su curso desde que esta fuerza llegó a existir. Los pleyadianos han estado trabajando con otros espíritus superiores de la *Primera Causa*. Ofrecen sus servicios libremente con amor porque tienen una familia atrapada aquí, una familia con la que perdieron el contacto ya que las energías disruptivas interfirieron con el curso previsto de la Tierra.

La meta pleyadiana

Perder el contacto con la familia preocuparía profundamente a cualquiera, como puede imaginar. Los pleyadianos nunca consideraron que esto pudiera suceder y se han sentido profundamente entristecidos y preocupados por esta pérdida. Estos seres altamente evolucionados y profundamente arraigados en la *Primera Causa* saben que la pérdida es solo temporal y no una sentencia de muerte. Sin embargo, han pasado millones de años desde que esto ocurrió. Tan terrible fue la conmoción que sacudió múltiples universos. Sin embargo, tienen un plan para volver a reunirse con su familia, y parte de ese plan es aumentar la conciencia humana sobre la vida más allá de la Tierra.

Los pleyadianos tienen un objetivo principal: la recuperación. ¿Cómo? La humanidad. Para lograrlo, se han reconectado con personas que están abiertas y dispuestas a trabajar con ellos. De esta manera, pueden ayudar a todos los demás a encontrar el camino de regreso a su verdadero yo, liberarse del sistema opresivo actual y elegir permanecer en *Terra* o regresar a las Pléyades. Cuando todo el mundo sea consciente de la verdad de su existencia y de los orígenes de la Tierra, elevar la energía vibratoria del planeta será fácil y permitirá que *Terra* evolucione hacia lo que estaba destinada a ser.

Con el estado actual de la Tierra, podría ser difícil imaginar que estaba destinada a ser mucho más de lo que es. Eche un buen vistazo a su alrededor. Puede que le resulte incrédulo pensar que los objetivos de *Terra* puedan lograrse alguna vez. Sin embargo, los pleyadianos aseguran a la humanidad que ciertas cosas están sucediendo para corregir su curso. Mucho antes de ahora, estos alienígenas sabían que los humanos finalmente estarían listos para ser contactados. La esperanza era que, cuando llegara el momento, la humanidad estaría abierta a los ajustes energéticos. La energía de la humanidad necesita ser realineada a su verdadero propósito. Nunca fue parte del plan forzar este realineamiento en la gente. Recuerden, el concepto de libre albedrío es uno que los pleyadianos respetan profundamente.

Sin embargo, estos tiempos difíciles han empeorado en las últimas cuatro décadas. El estado de las cosas en la Tierra es aún más preocupante para otros seres en el universo. No ha hecho un gran trabajo al demostrar amor hacia los demás, y además de eso, los humanos no se han visto a sí mismos como una unidad. La humanidad se ha permitido caer presa de la división a nivel individual y colectivo. Dese cuenta de que lo que afecta a uno afecta a todos, y los pleyadianos están trabajando duro para ayudar a los humanos a despertar a esta verdad. Afortunadamente, el número de personas que se dan cuenta de quiénes son sigue creciendo. Se están volviendo conscientes del primer creador, la fuente de quiénes son. Se dan cuenta de que el creador no ve tal cosa como la división o la preferencia.

El hecho de que esté leyendo esto ahora implica que es uno de los que está despertando. Será su trabajo ayudar a otros a despertar a la verdad. Por muy oscuras que parezcan las cosas, la luz sigue brillando cada vez más. Finalmente, la humanidad conocerá esta energía de luz y amor. Si siente mucha confusión en este momento, está bien. Por lo general, aquellos que deben despertar se sienten perdidos en su vida de vigilia, pero hacen un trabajo ligero en sus sueños. Cuando esté completamente despierto, se dará cuenta de que hay un gran poder dentro de usted. Sentirá un fuerte sentido de la orientación.

Despertar significa que necesitará a alguien que le muestre las cuerdas. Piense en ello como ser Neo en *The Matrix*, tener a Morfeo a su lado para mostrarle la verdad. A medida que lee este libro, comienza a quitar las capas de mentiras para revelar la verdad. Cuando la verdad florezca dentro de usted, se sentirá atraído a despertar a los que le rodean. Si esto suena desalentador, no tiene que tener miedo. No experimentará este proceso solo porque tiene guías espirituales, maestros ascendidos, familias estelares y otras fuerzas universales trabajando contigo para lograr el mismo objetivo. Sin embargo, debe estar dispuesto a desempeñar su papel porque su libre voluntad no será violada. También debe entender que respetar a los demás y sus deseos es primordial. No puede obligar a los demás a despertarse antes de que estén listos, así que no se frustre si no obtiene resultados inmediatos.

En el próximo capítulo, aprenderá más sobre las semillas estelares. ¿Cuáles son las características de las semillas estelares pleyadianas? ¿Cuáles son sus rasgos? ¿Qué las impulsa? Para obtener más información sobre esto, continúe con el siguiente capítulo.

Capítulo dos: Semillas estelares pleyadianas

La mayoría de los elementos de la vida humana provienen de las estrellas[a]

¿Quiénes son las semillas estelares?

El dr. Timothy Leary fue el primero en usar la palabra "semilla estelar" cuando se refería al dibujo de los restos de un extraterrestre descubierto en un meteorito que golpeó la Tierra. No estaba hablando de semillas estelares en el mismo contexto que este libro. Una semilla estelar ha vivido en otro lugar y tiempo que no sea aquí en la Tierra. Las semillas estelares saben que hay algo mucho más grande que ellas en lo que están destinadas a desempeñar un papel. Saben que todo y todos están conectados, por lo que no asumen que ellos o cualquier otra persona está en el corazón de la vida. Saben que la vida es mucho más grandiosa de lo que cualquiera podría comprender.

Las semillas estelares son conscientes de que existen en múltiples dimensiones, por lo que no caen en la trampa de asumir que todo lo que hay para ellas es la vida que llevan en este pequeño punto azul. Si es una semilla estelar, sabe que no es su cuerpo, mente o ego. No es las historias que ha llegado a creer sobre usted mismo o lo que hace en el trabajo. Hay capas multidimensionales para usted, y para todos los demás, pero es más consciente de eso que los demás a su alrededor. A veces, las semillas estelares nacen con esta conciencia de la plenitud de su ser. Otras veces, hay que despertarlas.

Pregúntele a una semilla estelar despierta, y le dirá que sabe que su encarnación actual es solo una pieza del rompecabezas, unos segundos del infinito que es la existencia de su alma. Estas personas están en toda la Tierra, en una gran misión para ayudar a todos los demás a despertar a quienes son en realidad. Por lo general, son los solitarios o aquellos que saben en el fondo que nunca encajarán sin importar lo que hagan o lo bien que usen su camuflaje. La semilla estelar es el "bicho raro" de la familia o grupo de amigos. Algunos de estos seres han sido sembrados deliberadamente en tierras y familias que no ven las cosas de la manera en que ellos las ven. Sin excepción, todos tienen sus asignaciones. Si es una semilla estelar, puede que su trabajo sea destruir las viejas formas de hacer las cosas y alterar el *statu quo*. O puede estar aquí para traer lo nuevo, despertar a otros, o preparar el camino para las almas que vendrán.

Sin excepción, las semillas estelares experimentan un evento (a veces traumático) en sus vidas que las lleva a despertar. Este evento ocurre a una edad temprana y les muestra lo diferentes que son de todos los demás. Algunos responden a este despertar haciendo todo lo posible para encajar, para amurallar los pedazos de ellos que creen que la sociedad no aceptaría. Si se ha dado cuenta de que hay algo diferente en usted, enterrar su singularidad no es una gran estrategia. Acepte lo que le hace diferente. Sea valiente acerca de ser quién eres porque esta es la única manera de sentir que está viviendo su verdadero propósito.

Arraigados en las estrellas

Cada ser humano está hecho de materia estelar. Y no, eso no es solo una declaración para sentirse bien destinado a motivarse a subir la escalera corporativa para convertirse en el próximo Bezos o descubrir su Beyoncé interior. Según la dra. Ashley King, del departamento de Ciencias de la Tierra del Museo de Historia Natural de Londres, la mayoría de los elementos del cuerpo y de la vida provienen de una estrella. Las estrellas tardaron miles de millones de años en crear estos elementos. Esta puede ser la razón por la que la humanidad siempre ha mirado a las estrellas en busca de respuestas y con gran asombro.

La humanidad siempre ha mirado a las estrellas en busca de respuestas [a]

En todo el mundo, algunas leyendas y mitos hablan de cómo surgió la vida y de cómo todo el mundo está conectado con las estrellas. Los egipcios de la antigüedad descubrieron que la inundación del Nilo ocurría simultáneamente con el ascenso de Sirio cada año (Sirio es la estrella más brillante del cielo). Mire a través de los antiguos textos egipcios y encontrará que los dioses eran de las estrellas. Isis descendía de Sirio, Osiris de Orión, y así sucesivamente. Estudie la alineación de las pirámides de Giza y observe cómo se alinean con Mintaka, Alnitak y Alnilam, las tres estrellas en el cinturón de Orión.

¿Y Mesopotamia? Si nos fijamos en las pirámides del Sol, la Luna y Quetzalcóatl en Teotihuacán, descubriremos que también están perfectamente alineadas con el Cinturón de Orión. Las leyendas afirman que los dioses bajaron a *Terra* en este lugar. Pensemos en el henge neolítico de Avebury del Wiltshire del Reino Unido. Busque el círculo de piedra y verá cómo se alinea con la Vía Láctea y cómo Stonehenge está configurado para que los primeros rayos del sol puedan golpearlo durante los solsticios.

Si todavía no está convencido de que el hombre antiguo debe haber sabido algo sobre la conexión de la humanidad con las estrellas, piense en el hecho de que en todo el mundo hay muchos lugares de culto establecidos para mostrar alguna conexión con las estrellas. Durante los últimos 40.000 años, los pueblos indígenas australianos han tenido sus historias de ensueño sobre las estrellas, nombrando cada una de ellas y adaptándolas a su vida cotidiana. Incluso usarían la constelación celeste de emúes para deducir el mejor momento para buscar huevos de emú. Los mayas tenían templos de piedra en la península de Yucatán que les permitían observar el cielo nocturno, y nadie tenía un calendario astronómico más preciso que ellos.

Diríjase a África Occidental y mire al Dogon. Descubrirá que celebran el *Sigui* cuando Sirio choca con un punto de referencia en el cielo nocturno. La gente de la tribu también le dirá que hace miles de años, algunos seres vinieron a visitarlos desde Sirio. Los celtas también tienen historias de cómo las hadas bajaron a la Tierra desde las estrellas. Los anasazi de los nativos americanos tenían asentamientos en tres colinas alineadas con Orión en el cielo. Los pawnee, cherokee, seneca y onondaga también tienen historias sobre la *mujer estrella*.

A través de todas estas culturas, algunas de ellas a grandes distancias entre sí, un hilo estelar conecta a la humanidad. Algunas personas recuerdan mejor que otras que no comenzaron la aventura de la vida en la Tierra. Estas personas saben que vienen de otros tiempos y mundos. Algunas son semillas estelares pleyadianas. También hay otras semillas estelares. Echemos un vistazo rápido a algunas de ellas:

Los sirios provienen de los planetas alrededor de Sirio A (el más brillante) y Sirio B. Los seres de Sirio A son en realidad de Vega, que está en la constelación de Lyra. Sirio B es el hogar de los merpeople y los miengu, entre otros.

Los arcturianos son de Arcturus. Estos seres avanzados son de quinta dimensión, como los pleyadianos. Son excelentes curanderos y chamanes, y su reino se siente angelical.

Los andromedanos son telepáticos y habitan en la galaxia de Andrómeda, también llamada M31. Su objetivo es ayudar a las razas esclavizadas por los reptilianos. La ciencia es su fuerte, y están tan en contacto con sus emociones como con los hechos puros y duros.

Las personas Índigo, Cristal y Arco Iris tienen poderes sobrenaturales como la clarividencia, la telepatía, la clariaudiencia, el cambio de realidad, etc. Las semillas estelares Índigo tienen serios problemas para presenciar la injusticia y dejar que gane. Las semillas estelares de Cristal se sienten igual, pero son más amables que las semillas estelares Índigo y Arco Iris. Por último, los seres del Arco Iris suelen tener autismo de alguna forma. Las tres semillas estelares no están profundamente conectadas con el mundo físico tal como es, sino que están en contacto con sus lados espirituales.

Los trabajadores de la luz vienen de varios universos. Decidieron reencarnarse aquí para ayudar a la humanidad con la siguiente fase de la evolución. Están aquí para mostrar amor, luz y bondad a todos y cada uno.

Los seres de Orión provienen de la constelación homónima, y son los curiosos y detallistas. Son muy mentales, aman la ciencia y la investigación, y quieren ayudar a la Tierra usando sus descubrimientos. No son tan buenos cuando se trata de asuntos del corazón. Algunos están aquí para el bien, mientras que otros buscan controlar la Tierra, no liberarla.

Los lemurianos y los atlantes son de Lemuria y Atlántida, civilizaciones antiguas y avanzadas. Su tecnología espiritual desconcertaría a las mejores y más brillantes mentes científicas de hoy. Desafortunadamente, estas civilizaciones eventualmente serían destruidas por su complacencia y codicia. Algunas almas de estas tierras han regresado a la Tierra para ayudar a evitar ese mismo destino.

Los reptilianos también son conocidos como draconianos, saurios o gente lagarto. Con sus habilidades para cambiar de forma, quieren controlar y esclavizar el espíritu humano. Según David Icke, continúan haciéndolo abriéndose camino en la política y en posiciones de poder en diversas industrias para manipular a la sociedad y dirigir el desarrollo de la cultura humana.

Tenga en cuenta que el hecho de que no sea una semilla estelar pleyadiana no significa que no tenga un papel que desempeñar en la evolución de la humanidad. Todo el mundo debe desempeñar un papel. Incluso los reptilianos, sean o no conscientes, servirán al objetivo de la *Primera Causa* de una forma u otra. Después de todo, ¿cómo sabría lo que es bueno si el mal no existiera?

Características pleyadianas

Si es una semilla estelar pleyadiana, tiene **ADN** pleyadiano que se activará al despertar, y esto le dará las claves del conocimiento secreto y antiguo, y las habilidades que puede usar para ayudar a otras semillas estelares como usted. Es probable que esté en contacto con su intuición. Le encanta aprender y no tiene problemas para adquirir habilidades como si siempre las hubiera tenido. Está lleno de amor y alegría, es más sensible que la mayoría, y su creatividad está fuera de serie. No es de extrañar, ya que viene del sistema estelar conocido por enseñar a todas las demás almas. Ahora, eche un vistazo más de cerca a las características de los pleyadianos.

Su energía es maternal. No importa si es hombre o mujer. Tiene una presencia relajante que es difícil de ignorar. Le molesta cuando a alguien no le va bien, y su primer instinto es tomar a la persona bajo su ala y cuidarla. Así es con las personas y la naturaleza en general.

Tiene un encanto inconfundible. Su carisma se manifiesta sin esfuerzo, y eso se debe a que está en paz con sus emociones y en sintonía con cómo se sienten los demás. No tiene problemas para conectarse con los demás. ¿Significa esto que siempre es el centro de atención dondequiera que vaya? No necesariamente. Sin embargo, su empatía atraerá naturalmente a la gente hacia ti.

Tienes empatía. Un montón de ella. Ya sea que haya pasado por una experiencia o no, puede sentirla en su cuerpo y alma. Por eso la gente le dice toda la verdad, y nada más. Sin embargo, es posible que se sienta constantemente agotado después de las interacciones. Tiene que saber identificar los sentimientos de otras personas sin apropiarse de ellos. Establezca límites claros y sea amable. De esta manera, puede recargarse y seguir sirviendo a los demás.

Es sensible. Su sensibilidad es un arma de doble filo. Es genial porque puede usarla para ayudar a los demás a sentirse comprendidos, pero no es tan bueno cuando toma las acciones y palabras de otras personas como algo personal o las ve de manera más negativa de lo que son. Hable de las cosas antes de reaccionar precipitadamente.

Es abierto y generoso. Esto le trae muchos amigos, o personas que quieren pensar que son sus amigos. Ayuda sin reservas ni expectativas. Lo triste de esto es que el mundo tiene personas que pueden reconocer este rasgo en usted y buscan drenarle de todo lo que puedan. Así que tiene que aprender discernimiento. No se apresure a ofrecer ayuda a aquellos que no se han tomado el tiempo de conocer; y también, si tiene la corazonada de que alguien solo le está usando, confíe en ello. Tienda a ser una persona confiada. Los personajes sombríos lo saben. Para salvarse a usted mismo, debe confiar en usted tanto como esté dispuesto a confiar en los demás. Si su instinto le dice que huya de alguien, corra.

No puede evitar ser honesto. Y esto es algo que muchos no pueden soportar. Se da cuenta de que estaba equivocado en algo y lo dice de inmediato. No le importa que la gente sepa que no sabe hacer algo. También dice a la gente las cosas como son, sin endulzarlas. Aquellos que escuchen se darán cuenta de que no está siendo malo. De hecho, su impulso para decir siempre la verdad proviene de un lugar de amor porque sabe que no puede dar la cara por los demás si no es honesto con ellos y consigo mismo. Pero no todo el mundo lo ve así.

Tiene tendencias a complacer a la gente. "Tendencias" puede ser decirlo a la ligera. Como semilla estelar pleyadiana, quiere que todos se lleven bien, y no es fanático del conflicto y la confrontación. Esto le hace susceptible a los hábitos que agradan a las personas. Prende fuego para mantener calientes a los demás, pero eso no es bueno porque le quemará. Ese agotamiento se verá como resentimiento y un deseo de permanecer aislado detrás de un muro de hielo. Tenga en cuenta que aún puede vivir en armonía con las personas y al mismo tiempo ser justo consigo mismo. Establezca límites y dese cuenta de que usted también merecs el amor y el cuidado que les da a los demás.

Se vuelve competitivo y busca la perfección. Estos rasgos tienen sus pros y sus contras. Se encuentra esforzándose por ser el mejor en todo lo que hace, y esto le mantiene presionando para encontrar mejores formas de lograr las cosas. Pero, si no tiene cuidado, terminará atrapado en un vórtice de comparación e insatisfacción. Está bien tener altos estándares. Pero entienda que la perfección es un viaje sin fin. Como nunca termina, está bien hacer una pausa de vez en cuando. Deténgase y huela las rosas.

Comienza con un torrente y disminuye hasta una llovizna. Quiere tener éxito, pero a veces mantener el impulso es realmente difícil. No importa en qué esté trabajando, es posible que se distraiga con la próxima cosa brillante o se detenga porque no puede encontrar la motivación para seguir adelante. También tira la toalla cuando se siente abrumado. La solución es tomar descansos y tratar de hacer solo una cosa a la vez.

Es una persona espiritual. Puede que no se suscriba a ninguna religión, pero sabe que hay algo poderoso en acción en toda la vida. Sabe que hay más en la vida de lo que puede detectar con sus sentidos físicos. Esto es genial porque puede apoyarse en este poder cuando los tiempos son oscuros, sabiendo que siempre estará ahí para usted. También desea desarrollo espiritual, por lo que lo más probable es que tenga algo de práctica que le ayude a diario, ya sea la oración, la meditación o una caminata nocturna por el parque.

Decida con el corazón. Su cabeza puede acompañarle en el viaje, pero al final, su corazón es juez, jurado y verdugo. A veces esto funciona a su favor. Sin embargo, debe tener cuidado de no tomar las grandes decisiones demasiado rápido, ya que puede encontrarse en situaciones con las que preferiría no tener que lidiar.

Viva su vida con un propósito. Vivir de otra manera sería desorientador para usted. Rápidamente sentiría que la vida no tiene sentido. Es posible que ni siquiera sepa el propósito de tu vida. Pero la conciencia de que pronto lo descubrirá se mantiene en marcha a pesar de tener dudas.

Se niega a presenciar la crueldad y no hacer nada al respecto. Esto es maravilloso, pero su impulso tiene un triste origen. Es posible que haya experimentado algo traumático cuando era más joven que te hizo más compasivo. Esto significa que incluso ante el ostracismo o la pérdida de la vida, hablará por los oprimidos y hará lo que pueda para detener el maltrato. Su brújula moral es irrompible.

Es posible que esté ansioso, deprimido o que no esté orgulloso de usted mismo. No está solo. Esto le sucede a la mayoría de los pleyadianos, especialmente antes de que se despierten o si no están actuando en alineación con su alma. Si se siente así, debe buscar ayuda profesional, ya que es la única manera de estar equipado para la tarea que tiene por delante.

Quiz: ¿Es una semilla estelar pleyadiana?

Elija la opción que se sienta como una coincidencia.

1. ¿Es sensible a las emociones de otras personas, absorbiéndolas como una esponja?
    a. Sí, ¡y es abrumador!
    b. A veces. Pero puedo diferenciar mis sentimientos de los demás y manejarlos.
    c. No, no estoy en contacto ni me afecta cómo se sienten los demás.
2. ¿Siente que tiene una tarea que cumplir en la Tierra relacionada con la sanación?
    a. ¡Absolutamente! Creo que estoy aquí con un propósito poderoso: ayudar a otros a sanar.
    b. Me gustaría ayudar. Pero no diría que se siente como una misión.
    c. No, no me siento llamado a hacer algo especial como eso.
3. ¿A veces mira las estrellas y siente el anhelo de "volver a casa"?
    a. Sí, siento un fuerte tirón en mi corazón para volver a algo que no puedo recordar.
    b. A veces, pero no a menudo.
    c. No, la Tierra se siente como en casa.
4. ¿Toma más decisiones basadas en el corazón que en la cabeza?
    a. Sí. Confío en mi intuición y siempre la sigo sin cuestionarla.
    b. A veces. Pero trato de equilibrar mis instintos con la lógica.
    c. No, me apoyo solo en la lógica y en los hechos para tomar decisiones.
5. ¿Se consideraría un sanador?
    a. Sí, tengo habilidades naturales de curación y quiero ayudar a los demás.
    b. Estoy interesado en la curación, pero realmente no me he sumergido en ella.
    c. No, no me considero un sanador.

6. ¿Siente una poderosa necesidad de poner a los demás antes que a usted mismo?
    a. Sí, siempre me ocupo de las necesidades de los demás antes que de las mías.
    b. A veces. Pero también hago todo lo posible para cuidarme.
    c. No, primero me cuido a mí mismo y luego puedo cuidar a los demás.
7. ¿Ha tenido una experiencia infantil terrible y traumática que desencadenó su despertar?
    a. Sí, experimenté algún trauma que me ayudó a crecer espiritualmente.
    b. He tenido algunos desafíos, pero no los llamaría traumáticos.
    c. No, tuve una infancia estable y sin incidentes.
8. ¿Desea fervientemente la paz, la justicia y el amor en el mundo?
    a. ¡Claro! Me duele el corazón ver lo que la humanidad se hace a sí misma.
    b. Me encantaría un mundo mejor, pero no dejo que la realidad me consuma.
    c. Realmente no me preocupan los asuntos globales.
9. ¿Tiene una conexión profunda con la naturaleza?
    a. ¡Sí! Siento mucho amor por ella. Cuando paso tiempo en espacios naturales, me siento completo.
    b. Aprecio el mundo natural. Pero no lo siento profundamente.
    c. No, eso no me importa mucho.
10. ¿Diría que es simpático, encantador y visto como muy intuitivo?
    a. Sí, la gente piensa que soy carismática y que tengo una fuerte intuición.
    b. Gente como yo. Pero no creo que nadie me llame intuitivo.
    c. No, no tengo carisma ni intuición.

Resultados

Principalmente As: ¡Es una semilla estelar pleyadiana! Tiene valores que se alinean con su forma de vida.

Mayormente Bs: Tiene algunos rasgos pleyadianos, pero la conexión no es fuerte. Usted puede ser una mezcla de energías pleyadianas y otras semillas estelares (sí, esto es posible). Necesitará más investigación para averiguar cuál es su posición.

Sobre todo Cs: Es probable que no sea una semilla estelar pleyadiana. Sin embargo, puede que sea una semilla estelar diferente, o incluso un contactado.

Ahora que sabe quién es, ¿qué significa ver la vida a través de los ojos de un pleyadiano? ¿Cómo puede saber cuáles son sus mensajes? ¿Qué temas exploran los pleyadianos y por qué es importante la sabiduría que comparten con todos y cada uno? Tendrá respuestas a estas preguntas candentes en el próximo capítulo.

Capítulo tres: Sabiduría pleyadiana

Los pleyadianos han continuado compartiendo mucha sabiduría acerca de cómo puede experimentar el crecimiento espiritual y desarrollarse como ser humano. Sumergirse en sus enseñanzas es la elección correcta porque significa que puede desempeñar su papel en la evolución del colectivo.

Los seres pleyadianos son particulares en cuanto a la enseñanza de la transformación interior, la unidad y el amor a través de la canalización. El canal es un ser humano que normalmente se sentará en silencio y permitirá que su vibración llegue a una frecuencia que coincida con la de la entidad a canalizar. Barbara Marciniak fue la primera en canalizar información de los pleyadianos y ha escrito varios libros, incluyendo *Bringers of the Dawn: Teachings from the Pleyadians,* publicado por primera vez en 1992. Su libro está repleto de información de los pleyadianos sobre su propósito y los conocimientos que han obtenido hasta ahora sobre la humanidad. Bárbara no es la única que canaliza a los pleyadianos. De hecho, si tiene intenciones puras y está dispuesto, usted también puede servir como canal.

Las enseñanzas pleyadianas

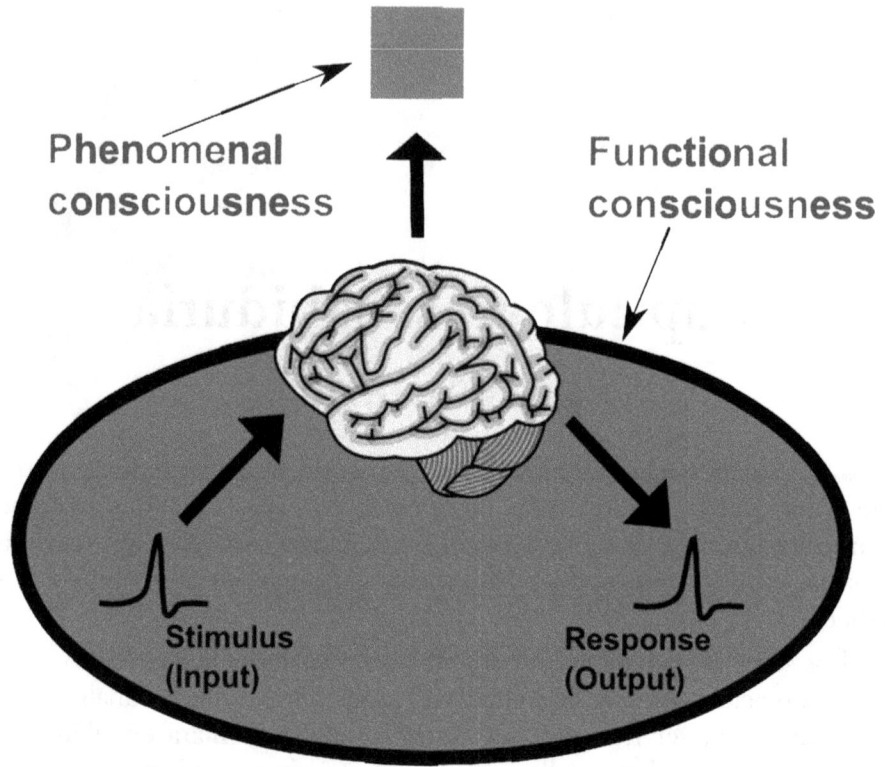

La ley de la conciencia es una de las enseñanzas pleyadianas más prominentes [4]

Los pleyadianos creen que debe conocer las leyes universales y hacer todo lo posible para usarlas. Las leyes son llamadas colectivamente las 12 leyes divinas de los pleyadianos. Una vez que domine las leyes del universo, se habrá dominado a sí mismo y al mundo. Las leyes que defienden los pleyadianos se alinean con la física cuántica, excepto que saben mucho más de lo que los científicos terrestres han descubierto hasta ahora.

Piense en el universo como una computadora. Cada parte de ella hace lo mismo que las partes de una computadora, pero a una escala mayor. Esta computadora, al igual que la inteligencia artificial, es sensible. Cuenta con toda la información necesaria para garantizar el buen funcionamiento de la vida. Las leyes universales son como el código que mantiene la computadora funcionando como debería. Si no conoce o sigue las leyes, no obtendrá los resultados en los esfuerzos de tu vida. Sin más preámbulos, aquí están las 12 leyes divinas de las Pléyades.

Ley 1: La conciencia es la fuente de todas las cosas y la causa de todas las cosas. Esta es la primera causa de la que surgen todas las demás cosas. En el centro de todo está la conciencia, y no hay nada más. Esta conciencia también se conoce como energía y no puede ser creada ni destruida. Lo único que puedes hacer con esta energía es transmutarla de una forma a otra. Los pensamientos no son más que el movimiento de la conciencia. **Esta es la ley de la conciencia.**

Ley 2: Todo lo que le rodea, visible e invisible, está conectado a través de la misma energía. El dicho hermético "como es arriba, es abajo; como es adentro, es afuera" refleja esta verdad. Considere todo en la vida como su propio campo de energía que fluye de una forma a otra, pero que nunca está separado de todo lo demás. **Esta es la ley de la relatividad.**

Ley 3: Todo en el mundo vibra a una frecuencia específica. La frecuencia a la que vibra una cosa le da sus propiedades únicas. Cuando todo parece estar quieto, está en constante movimiento. Sus pensamientos son la causa vibratoria primaria de todas las cosas que le rodean. Sus emociones tienen una gran energía, y de todas las cosas que puede sentir, el amor es la vibración más potente y de acción más rápida. En el otro extremo de ese espectro está el miedo, la energía más lenta. Su universo tiene 12 capas vibratorias únicas. Cada dimensión vibra más rápido que la anterior y tiene menos densidad energética. No piense en las dimensiones como lugares reales, sino como rangos de frecuencia. **Esta es la ley de la vibración.**

Ley 4: Como todo está en perpetuo movimiento, un ritmo constante dirige este movimiento. Este ritmo continúa eternamente, haciendo que los patrones se repitan como estaciones, etapas de desarrollo, ciclos, etc. Piense en todo lo que existe como un péndulo. Si se balancea hacia la izquierda, debe girar hacia la derecha, y viceversa. El factor determinante de este ritmo es la conciencia. **Esta es la ley del ritmo y los ciclos.**

Ley 5: Un ser soberano todopoderoso supervisa todo lo que existe, y no hay nadie por encima de él. Este ser es omnipresente y omnisciente. Es la consciencia misma, y puesto que es esencialmente consciencia expresándose como un ser humano, esto implica que no hay nadie por encima de usted. Es un ser soberano y autodeterminista sin ningún líder que le gobierne. No hay un anciano de barba gris en el cielo, que vigile todo lo que hace, preparándole para darle una severa charla sobre sus elecciones. Puede llevar su vida de manera responsable, honrando todas las demás vidas que le rodean. Cuando entiende su soberanía, siempre actúa desde un lugar de amor y cuidado por los demás. Para reconocer que es un ser soberano, conózcase a usted mismo. Si no lo hace, se encontrará constantemente bajo la influencia de otras fuerzas fuera de usted. Incluso entonces, dese cuenta de que usted es el que está en el poder. Es tan poderoso que se ha dado a sí mismo y a esas fuerzas la ilusión de que ellas, no usted, tienen el control. **Esta es la ley de la soberanía.**

Ley 6: Su pensamiento es la primera creación. El sonido es la segunda creación responsable de crear el plano divino sobre el que se construye su vida. La luz es la creación final que da forma y estructura a todas las cosas creadas. Nada existe que no haya sido ya creado energéticamente. Si puede pensarlo, es real. De todas las cosas creadas, la naturaleza reina suprema. El objetivo de la creación es permitir que la conciencia llegue a conocerse a sí misma de todas las formas posibles. La conciencia está haciendo esto cada vez a través de usted y de todos los demás. **Esta es la ley de la creación.**

Ley 7: Todas las cosas creadas existen en la dualidad. La polaridad está a la orden del día. En otras palabras, todo debe tener su forma opuesta. Pero si lo examina más de cerca, se dará cuenta de que estos opuestos son la misma cosa, pero con diferencias en el grado de expresión. Las fuentes de energía del universo están arraigadas en el principio de polaridad. La única manera de experimentar lo que está arriba es experimentando lo que está abajo. **Esta es la ley de la polaridad.**

Ley 8: Solo hay un tiempo, y ese tiempo es ahora. Solo hay un lugar, y ese lugar está aquí. Ya está aquí. ¡No está en ninguna parte! Y, sin embargo, está en todas partes, todo a la vez y simultáneamente. Todo en el universo existe en el mismo espacio y tiempo, pero debido a sus diferentes tasas de vibración, es posible que no pueda percibirlos. **Esta es la ley del espacio-tiempo.**

Ley 9: Todas las energías que vibran en la misma frecuencia son atraídas unas hacia otras. Hay un dicho en el planeta que dice que los opuestos se atraen, pero este no es el caso. En este universo, lo semejante atrae a lo semejante. Cuando tienes dos cosas que vibran a diferentes frecuencias, son naturalmente opuestas entre sí y se repelerán entre sí. **Esta es la ley de la atracción.**

Ley 10: Este es un universo en el que se honra el libre albedrío. Tiene derecho a hacer lo que quiera en cualquier momento. Aunque, en su mayor parte, los humanos tienden a olvidar esto y actúan como árboles enraizados en una posición particular para siempre. Puede hacer lo que quiera siempre y cuando sea desde un lugar de amor. Si sus acciones no están arraigadas en el amor, eso equivaldría a imponer su voluntad sobre los demás, y eso no va a funcionar muy bien para usted porque este es un universo de libre albedrío. **Esta es la ley del libre albedrío.**

Ley 11: Todas las acciones tienen una reacción igual y opuesta independientemente de lo que sean. La causa y el efecto son reales e ineludibles. ¡Esto es karma! Lo que sea que reparte le será repartido en la misma medida. Esta ley es una reminiscencia de la ley de la atracción, donde lo semejante atrae a lo semejante. Nunca asuma que existe tal cosa como la coincidencia y la aleatoriedad en tu universo. La suerte no es una cosa. Todas las causas tienen efectos, y todos los efectos tienen causas. Todo lo que ocurre es causado por la conciencia. Cuando entienda esto, habrá dominado la creación de la realidad. **Esta es la ley de causa y efecto.**

Ley 12: La conciencia toma energía y la convierte en materia. El proceso de manifestación es el resultado de trabajar con estas 12 leyes. El mundo está configurado para que cuando siga estas leyes, obtenga los resultados que busca en su vida. **Esta es la ley de la manifestación.**

Por qué la sabiduría pleyadiana es necesaria para las semillas estelares pleyadianas y la sociedad

La sabiduría pleyadiana es vital para las semillas estelares pleyadianas y la sociedad, porque trabajar con esta sabiduría puede permitir que el colectivo se transforme y alcance su máximo potencial. Incluso a nivel individual, seguir estas leyes y enseñanzas le ayudará a hacer que su vida sea como siempre ha querido que sea. Así es como las enseñanzas pleyadianas le benefician a usted y a la sociedad en su conjunto si se siguen:

La sabiduría pleyadiana es esencial para acercar a la comunidad[5]

1. *Experimentará un despertar y una expansión de su conciencia.* A medida que estudie lo que los pleyadianos tienen para compartir con usted, encontrará necesario que su alma despierte para experimentar niveles más altos de conciencia. ¿Se da cuenta de que podría ser mucho más consciente de lo que es ahora? Puede acceder a su ser más auténtico y llegar a su ser superior para expresar plenamente su potencial espiritual. Cuando sepa quién es, el mundo en el que vive y la conexión que todo tiene entre sí, experimentará la verdadera paz y poder.

2. *Las enseñanzas pleyadianas son poderosas para la transformación personal.* Los pleyadianos se preocupan por la aceleración de la evolución de la colectividad humana. Sin embargo, también están preocupados por la expresión personal de sus grandes ideales. Estudiar la sabiduría pleyadiana le llevará por el camino de elegir ser responsable de sus elecciones y de su vida en su conjunto. Esto sucede porque las enseñanzas le despiertan al poder dentro de usted. Cuanto más se sumerja en ellas, más descubrirá las creencias limitantes que le han alejado de la grandeza. Ya no será capaz de tropezar por la vida

inconsciente y ciego a los patrones que le han mantenido cautivo. Esto significa que su nueva conciencia hará que sea fácil liberarse y ascender a mayores alturas de lo que creía posible. Aprenda a sanar y amarse a usted mismo y a recurrir al poder interior. Cuanto más lo haga, mejor será para el colectivo.

3. *Las enseñanzas pleyadianas descubren el secreto del amor incondicional.* El amor, tal como lo expresa generalmente la humanidad, parece estar encadenado a una u otra condición. La sabiduría pleyadiana consiste en enseñarle a vivir desde su corazón y encarnar el amor sin grilletes. Aprenda a ser más compasivo, a expresar su amor y a ser comprensivo con todos los que le rodean. Esto es algo bueno porque significa que será un recipiente para la paz y la armonía en el planeta para crear una sociedad más compasiva. Cuando la humanidad abrace el amor verdadero e incondicional, demostrará un poder fenomenal que puede permitir que la humanidad se convierta en lo que estaba destinada a ser.

4. *La sabiduría pleyadiana puede ayudarle a ponerse en contacto con los ciclos y las energías de la naturaleza.* Aprenderá que la naturaleza tiene ciclos. Descubrirá que es parte de la naturaleza y que no puede escapar de esos ciclos. Cuando elige seguir la corriente en lugar de luchar contra su ser natural, experimenta una vida más plena. Siguiendo la sabiduría pleyadiana, aprenderá a vivir alineado con las energías naturales como las de las alineaciones planetarias o las fases lunares para experimentar el desarrollo espiritual y el bienestar. Además, se encontrará profundamente conectado con la Tierra y el universo. Esto implica que le resultará fácil trabajar con las leyes universales y obtener acceso a frecuencias más altas.

5. *Las enseñanzas pleyadianas son esenciales para el despertar de la colectividad y para la transformación del planeta.* Como semilla estelar pleyadiana, es su responsabilidad encarnar su auténtico yo. Tiene tantos dones únicos que ofrecer al mundo. Al educarse en los caminos de los pleyadianos, puede comenzar a vivir de una manera que demuestre su conciencia de la interconexión de todo. Descubrirá que cuando las personas se unen con las mismas intenciones y acciones alineadas, ocurre la magia. Aprender más sobre lo que comparten los pleyadianos le ayuda como semilla estelar a despertar a otros.

Cómo recibir mensajes de los pleyadianos

Antes de intentar contactar a los pleyadianos, tiene que entender ciertas cosas. En primer lugar, es posible llegar a ellos externa e internamente. El contacto externo implicaría conocer físicamente a los extraterrestres. Esto no es común, pero tiende a suceder en lugares remotos que no tienen mucho tráfico humano. Afortunadamente, la otra forma más accesible de contactar a los pleyadianos es interna, a través del espíritu o la energía. Lo siguiente que debe hacer es cambiar su mentalidad sobre cómo funcionan estas cosas. Hay siete aspectos que debe tener en cuenta:

1. Recuerde siempre que está llegando a la energía pleyadiana, no a una persona. Piense en los pleyadianos como un campo de luz en la quinta dimensión. Pueden mostrarse ante usted como un humano con un aura angelical o como luz. Sin embargo, no tienen que encarnar formas específicas. Trate de aflojar sus expectativas sobre cómo debería desarrollarse su conexión.

2. Piense en los pleyadianos como su familia y no como extraterrestres. Después de todo, como semilla estelar pleyadiana, usted es uno de ellos. Con este pensamiento, deje de asumir que son extraños para usted y elimine los sentimientos de miedo u hostilidad.

3. Piense en el proceso de conectarse con los pleyadianos como regresar a casa. Es una vibra inconfundible que reconocerá una vez que la sienta.

4. No se acerque a ellos con la idea de adorarlos. Recuerde, usted es un ser soberano. El hecho de que entiendan cosas que están más allá de su conocimiento no implica que deba adorarlos como dioses. En cambio, ámelos.

5. Conéctese con su corazón, no con su cabeza. La energía pleyadiana es la que resuena con el alma. No espere que se conecten con usted a nivel mental. La única función de su cerebro durante la canalización es facilitar la conexión con ellos a nivel del corazón e interpretar su mensaje.

6. No tiene que dejar su cuerpo antes de conectarse con los pleyadianos. De hecho, preferirían que permaneciera conectado a tierra en lugar de proyectarle astralmente.

7. Finalmente, recuerde que es un pleyadiano. Es posible que haya elegido una forma y una vida diferentes, pero eso no le hace menos pleyadiano que con los que desea conectarse.

Ahora que eso está fuera del camino, la pregunta que hay que responder es cómo conectar con ellos de forma práctica.

- Utilice prácticas de meditación y atención plena. Su mente debe permanecer en silencio mientras se conecta con las conciencias superiores. Para que esto suceda, debe practicar la meditación todos los días. Mientras se sienta en silencio con los ojos cerrados y la atención en su respiración, establezca la intención de conectarse con los pleyadianos. Usando sus sentimientos o su corazón, hágales saber que son bienvenidos a aparecer. Además, mantenga la mente abierta a lo que pueda surgir, ya sean imágenes, ideas, mensajes, etc.

- También puede conectarse con los pleyadianos usando una guía intuitiva. Su intuición es el lenguaje del alma, y los pleyadianos se comunicarán con usted a nivel del alma. Para entenderlos mejor, revise con su instinto todos sus asuntos. Haga que trabajar con su intuición sea parte de su estilo de vida. Esto le ayudará a mejorar en la detección de los mensajes que tiene para usted.

- Pruebe la escritura y la canalización automáticas. Cuando medita hasta el punto de quietud en su mente, puede sacar un bloc de notas y un bolígrafo y escribir lo que se le ocurra. Tenga en cuenta que este proceso no es forzado. Debe sentirse fluido. Alternativamente, puedes canalizar permitiendo que las palabras que le parezcan correctas salgan de su boca sin obstáculos. Lo ideal es trabajar con una grabadora para no olvidar lo que se compartió.

- Practique escribir sus sueños en un diario. A veces, si no puede obtener mensajes claros de los pleyadianos, ellos pueden llegar a usted a través del lenguaje de los sueños. También puede tener la intención deliberada de encontrarse con ellos en sus sueños. Por lo general, aceptarán las invitaciones. Cuando se vaya a la cama, asegúrese de que el diario de sus sueños y el bolígrafo estén a tu lado, para que pueda anotar todo lo que sucedió antes de que se le olvide. Preste atención a los símbolos, mensajes o temas que le llamen la atención. Está bien no entender de qué se trata el sueño al principio. Pero confíe en que el significado se revelará con el tiempo.

- Procure notar las sincronicidades en tu vida. Recuerde, no existe tal cosa como la coincidencia. Si nota que sigue escuchando una palabra o viendo números en ciertos momentos, podrían ser los pleyadianos tratando de llegar a usted. La sincronicidad también puede desarrollarse como eventos, como encontrarse con un animal o color específico una y otra vez. Trate de mantener una actitud de curiosidad y fascinación cada vez que note que esto sucede, y sucederá cada vez más. A su debido tiempo, puede interpretar lo que significan esos eventos sincrónicos.

- Por último, haga una práctica diaria de rituales sagrados y tenga un espacio sagrado que utilice en su casa. Cuando tiene un espacio sagrado donde se retira a realizar sus rituales, algo en ello anima a que la presencia de los pleyadianos sea aún más pronunciada en su vida. Considere quemar incienso, encender velas, trabajar con cristales o cartas del tarot, o lo que sea que resuene con usted. Antes de comenzar sus rituales, establezca la intención de hacer saber a los pleyadianos que son bienvenidos. Aquí hay un consejo adicional: intente trabajar con fases lunares, alineaciones planetarias y otros eventos celestes, ya que esto puede ayudarle a establecer una conexión más fuerte con estos seres.

Críticas y polémicas

Naturalmente, las enseñanzas pleyadianas tienen algunas críticas y controversias a su alrededor. El público no está dispuesto a considerar la posibilidad de que existan otras formas de vida además de los humanos. Estos son algunos de los puntos más comunes que atacan las enseñanzas pleyadianas.

1. No hay pruebas científicas de que existan los pleyadianos. Las muchas afirmaciones de los contactados y canalizadores de las Pléyades, a menudo son cuestionadas y desacreditadas, porque no hay evidencia científica. Un contraargumento a esa crítica es que debe darse cuenta de que las experiencias espirituales y la conexión con entidades extraterrestres tienden a ser experiencias subjetivas. Esta subjetividad hace imposible que la ciencia, tal y

como la conocemos hoy en día, investigue estos fenómenos. Es injusto invalidar la experiencia personal porque no se puede sopesar con las mediciones científicas. Además, la ciencia todavía está tratando de ponerse al día con respecto a asuntos que las personas espirituales han conocido durante miles de años.

2. Algunos argumentan que la idea de los pleyadianos y lo que enseñan es toda apropiación cultural, una distorsión de varias creencias indígenas de diferentes culturas. Si bien esta es una crítica comprensible, un argumento en contra es que las enseñanzas pleyadianas no buscan explotar las diferentes culturas, sino ofrecer orientación para permitir que las personas crezcan y transformen sus vidas. Todas las religiones tienen un pedazo de verdad. Las enseñanzas pleyadianas son simplemente juntar todas las piezas.

3. Algunos ridiculizan la idea de los pleyadianos por no tener consistencia en su mensaje y mucha contradicción. Esto tiende a suceder porque varias personas canalizan la energía pleyadiana. Inevitablemente, las interpretaciones de los canalizadores distorsionarán el mensaje de alguna manera, ya que tienen su comprensión única de la vida, lo que significa que habrá algunas discrepancias. Sin embargo, es innegable que los pleyadianos siempre tienen que ver con la curación, el amor y el despertar espiritual, sin importar a quién llegue el mensaje.

4. Una crítica final es que los escépticos piensan que la sabiduría pleyadiana es simplemente la comercialización de las ideas de la Nueva Era para extraer ganancias financieras de aquellos lo suficientemente crédulos como para creer que los extraterrestres son reales. Es difícil argumentar en contra del hecho de que hay individuos sin escrúpulos en la comunidad espiritual que se aprovechan de los demás. Sin embargo, estas personas no niegan la presencia de maestros genuinos y canales de los seres pleyadianos. Algunos canalizadores tienen integridad y no quieren nada más que ayudar a la humanidad a transformarse en su mejor y más grandiosa versión de sí misma. Es una cuestión de discernimiento y de prestar atención al mensaje más que a las partes que se pueden vender con fines de lucro.

Al ser extraterrestres, los pleyadianos tienen un profundo conocimiento de las estrellas y el cosmos. ¿Le gustaría conocer su punto de vista sobre la astrología y cómo puede ayudarle a crecer y manifestar la vida de sus sueños? Diríjase al siguiente capítulo sobre la astrología pleyadiana.

Capítulo cuatro: Astrología pleyadiana

Poseedores de conocimiento cósmico y estelar avanzado

Los pleyadianos tienen un conocimiento avanzado de las estrellas y del cosmos ⁶

Los pleyadianos son seres altamente evolucionados. Poseen una profunda conexión con los reinos superiores y un conocimiento avanzado de las estrellas y el cosmos. Entienden la frecuencia, la energía y cómo los planetas interactúan entre sí en su sistema estelar de origen. Los pleyadianos son multidimensionales, lo que significa que existen en múltiples dimensiones simultáneamente, que van desde la 3D hasta la 9D. Dado que su existencia es tan rica y estratificada, implica que tienen acceso a un conocimiento que aún no está disponible para la humanidad. Una forma de acceder a este conocimiento es a través de la astrología.

Al ser viajeros cósmicos, los pleyadianos son particulares en cuanto a la exploración del universo hasta sus confines más lejanos. A medida que viajan, aprenden información valiosa sobre varias civilizaciones, planetas y sistemas estelares. En otras palabras, los pleyadianos se encuentran entre los seres más sabios que existen. Su sabiduría se extiende a cosas como la astrología y las estrellas en general. Pueden decirle mejor que nadie la forma en que los diversos cuerpos celestes interactúan entre sí, los efectos de las alineaciones planetarias y las energías cósmicas. Puede usar esta información para guiar su camino a través de la vida, para la adivinación o para entender por qué su vida es como es.

La astrología como herramienta para acceder al conocimiento pleyadiano

Los practicantes espirituales pleyadianos trabajan activamente con eventos y alineaciones astrológicas como herramientas para sanar, crecer espiritualmente y manifestar lo que necesiten. Estos eventos en las estrellas afectan a los individuos y a la conciencia colectiva. Solo tiene sentido buscar activamente una comprensión profunda del funcionamiento de estos eventos y aprender sobre las estrellas desde el punto de vista pleyadiano. Ahora, profundicemos en detalles sobre cómo la astrología puede ayudarle a acceder a la sabiduría pleyadiana.

Los eventos astrológicos son herramientas para ayudar con la manifestación [7]

1. *Puede usar la astrología como guía.* La perspectiva pleyadiana de la astrología afirma que los movimientos y energías de los cuerpos celestes pueden servir potencialmente como guía. Cuando estudia las ubicaciones de los planetas en su carta natal y las configuraciones astrológicas en su vida, obtiene información sobre cómo estas energías interactúan y afectan a su vida. Nunca le tomará por sorpresa lo que se le presente en ningún momento.

2. *La astrología puede ayudarle a comprender mejor las conexiones del alma.* Los pleyadianos enseñan acerca de los contratos del alma y las conexiones del alma. Ningún alma en la Tierra ni en ningún otro lugar existe aislada. Todo el mundo está relacionado con todos los demás de alguna manera, y hay conexiones específicas que tienen un propósito. Cuando examina la sinastría, que implica la comparación lado a lado de las cartas natales de diferentes personas, puede descubrir las lecciones espirituales que vino a aprender de estas conexiones con los demás.

3. *La astrología puede ayudarle a entender los patrones energéticos de su vida.* Dado que cada cuerpo celeste tiene una influencia única en la forma en que vive la vida, puede comprender los efectos de los patrones energéticos emitidos por esos cuerpos en

términos de los desafíos por los que tiene que pasar y lo que necesita desarrollar como persona. Al estudiar los patrones energéticos, obtiene una mejor idea de dónde puede crecer y cuáles son sus fortalezas. También sabe cómo aprovechar las energías que podrían ayudarle a lo largo de su camino espiritual.

4. *La astrología ofrece una explicación de su evolución.* La vida está destinada a evolucionar, y como parte de la vida, tiene activamente un camino evolutivo que seguir y un propósito que cumplir. Al estudiar su carta natal y otros elementos astrológicos, puede discernir lo que vino a aprender y experimentar en su vida. Puede usar la configuración de los planetas en su carta natal y en el momento presente para guiarte hacia el cumplimiento de su gran propósito y el deseo de su alma.

5. *La astrología ayuda a apreciar la sincronicidad.* Recuerde, no existe tal cosa como la coincidencia. Todo lo que sucede en la vida lo hace en un momento divino. Cuando considera los eventos astrológicos como las progresiones y los tránsitos, notará que reflejan la presencia de una forma superior de inteligencia. Cuanto más estudie la interacción entre estos eventos astrológicos, más entenderá cuál es el mejor momento para buscar el crecimiento e integrar lecciones para manifestar y transformar tu vida espiritual.

Los efectos de los eventos astrológicos

En primer lugar, consideremos *los eclipses.* Hay dos tipos de eclipses: solares y lunares. Cada uno de ellos es un evento extremadamente poderoso porque manifiestan portales de energía que puede usar para transmutar lo que quiera en la vida. Cuando la Luna pasa entre el Sol y la Tierra, eso es un eclipse solar. Sin embargo, cuando la Tierra proyecta una sombra sobre la Luna, eso es un eclipse lunar. ¿Cómo puede aprovechar este evento astrológico? Si hay algo en su vida que le gustaría cambiar para mejor, puede usar el eclipse; Simplemente intégrelo en su práctica espiritual reconociendo la energía y aprovechándola usando sus palabras e intención.

El eclipse solar, en particular, es impresionante para traer lo nuevo y crear cambios importantes y duraderos en su vida. En cuanto a los eclipses lunares, son los mejores para ayudar a superar emociones. Si se ha lastimado y está luchando por sanar, debe trabajar con el eclipse lunar. Este eclipse le ayudará a dejar de lado las viejas formas de pensar y ser para que finalmente pueda liberarse del dolor que está experimentando. Ambos eclipses son excelentes para lograr un crecimiento como colectivo y a nivel individual.

Los retrógrados también son eventos astronómicos muy poderosos de los que puede sacar provecho. Un retrógrado es el movimiento aparente de un planeta hacia atrás en el cielo cuando se ve desde la Tierra. La astrología pleyadiana enfatiza que los retrógrados son excelentes períodos para la reflexión y la introspección. Es un buen momento para mirar hacia adentro y reevaluar sus opciones hasta ahora. Mientras que los eclipses son excelentes para la manifestación externa, los retrógrados son perfectos para el trabajo interno.

Los seres humanos tienden a ocultarse ciertas verdades sobre sí mismos. A veces, este autoengaño se debe a que carecen del coraje o la fuerza para enfrentar esas verdades. Otras veces es porque asumen que hay algo que ganar ignorando la verdad sobre quiénes son. Esconderse de la verdad sobre uno mismo puede frenarle en la vida. Por lo tanto, use los retrógrados para ayudarle a descubrir las partes ocultas de sí mismo. Dese cuenta de que no todas las verdades ocultas son necesariamente erróneas o dañinas. Dentro de esas verdades están los núcleos de fuerza y la manifestación de grandeza más allá de sus sueños.

Otro conjunto de poderosos eventos astrológicos son *las conjunciones planetarias*. Siempre que al menos dos planetas estén estrechamente alineados con el mismo signo zodiacal o grado, eso se considera una conjunción planetaria. Este evento tiene el poder de afectar la energía colectiva y planetaria. El efecto de las conjunciones con las que estás lidiando depende de los planetas en cuestión. Por ejemplo, en diciembre de 2020, Saturno y Júpiter estaban en conjunción, lo que fue el catalizador para el inicio de un nuevo ciclo en el que hubo un cambio en las estructuras sociales, las aspiraciones y las creencias. El ciclo durará los próximos 20 años.

También hay que tener en cuenta *los tránsitos de los planetas exteriores*. Urano, Neptuno y Plutón se consideran planetas exteriores. Cuando están en tránsito, afectan a todos y pueden durar mucho tiempo. Los tránsitos de Urano, por ejemplo, tienden a ser perturbadores. Sin embargo, es importante no ver la interrupción como algo terrible porque dentro de ella se encuentra la oportunidad de liberarse. Son excelentes para provocar despertares en todos los ámbitos. Puede esperar innovación constante y cambios repentinos. Los tránsitos de Neptuno tienen que ver con la ilusión y la espiritualidad. Pueden esperar experimentar una mayor intuición cuando este planeta esté en tránsito. Le resultará más fácil conectarse con su lado espiritual. Con los tránsitos de Plutón, una energía intensa y profunda fomenta el cambio y conduce a la destrucción de viejas estructuras y sistemas. Hacer un seguimiento de estos tránsitos le permite aprovecharlos.

El último evento astrológico que debe tener en cuenta es un **aspecto planetario.** Los aspectos planetarios incluyen oposiciones, trígonos, cuadraturas y conjunciones, y todos ellos afectan al colectivo humano y a la energía del planeta. Los mejores aspectos que fomentan el flujo de la creatividad y la cooperación son los trígonos y las conjunciones. Al otro lado de la mesa, tiene oposiciones y cuadrados, que son aspectos que conducen a desafíos y causan tensión en tu vida. Sin embargo, son útiles porque pueden conducir al cambio, al crecimiento y a la resolución para mejor.

Aplicaciones prácticas

Ahora que conoce los eventos astrológicos, surge naturalmente la siguiente pregunta: ¿Cómo puede incorporarlos a su vida espiritual? Aquí hay cinco formas diferentes de hacerlo.

Establezca sus intenciones a primera hora de la mañana. Cuando se despierte, antes de levantarse de la cama para comenzar el día, tómese un momento para considerar cómo quiere que sea. Obviamente, ya debería estar al tanto de los eventos astrológicos que tienen lugar. Esto significa que debería haber investigado el día anterior. Por ejemplo, si es consciente de que está a punto de haber un poderoso eclipse solar, puede establecer la intención de abrazar un nuevo comienzo en su vida, ya sea en finanzas, en la vida amorosa o en cualquier otra cosa. Si le ayuda, puede decir palabras en voz alta para invitar a los cambios que desee. Visualice la energía del eclipse solar vertiéndose en su cuerpo e inundándose de pies a cabeza. Diga firmemente en voz alta que está listo y abierto a los cambios que vendrán.

Practique la meditación y la reflexión regularmente. Establezca una hora específica todos los días para esta práctica. Tener un espacio dedicado en su hogar para este propósito también sería útil. Asegúrese de usar ropa cómoda y no distraerse durante al menos los próximos 10 a 15 minutos. Siéntese o acuéstese cómodamente, cierre los ojos y preste atención a su respiración. Cuando sienta que su mente está más tranquila y presente, dirija su atención hacia la energía cósmica del evento astrológico en cuestión. Visualice o siente esta energía fluyendo a través de tu cuerpo, y luego traiga a la mente lo que sea que desee reflexionar, cambiar o sanar. Con cada respiración, sienta cómo la energía se hace cada vez más intensa. Después de la meditación, puede escribir cualquier idea que haya recibido en su diario durante su práctica de atención plena.

Utilice prácticas y rituales sagrados para ayudarle a aprovechar la energía del evento. Estas prácticas no tienen por qué ser extremadamente complicadas. Es posible que tenga un altar en el que rezar, o tal vez disfrute de tener velas e incienso mientras reflexiona sobre la energía. La respiración, el canto y la visualización también son prácticas válidas con las que trabajar. Es importante elegir prácticas y rituales que se alineen con lo que es. Además, mantenga la mente abierta porque es posible que le inspire a probar algo diferente que le ayude a aprovechar la energía aún mejor que nunca.

Haga que su creatividad fluya todos los días. Encuentre tiempo en su día para participar en actividades creativas en las que pueda acceder y canalizar la energía del evento astrológico. Podría pintar, escribir poesía, tocar música, bailar o participar en otras actividades creativas. Esta actividad debe permitirle verter sus emociones. En su mente, encuentre formas de incorporar sus deseos y los conocimientos que ha adquirido a lo largo del tiempo, y permita que la energía sea su inspiración y guía durante su proceso creativo.

Tenga un ritual de atención plena que realice antes de acostarse. Podría ser tan simple como escribir una lista de gratitud, elegir perdonar, dejar ir cualquier emoción que no se sienta bien, decir oraciones o afirmaciones que se alineen con las energías de los eventos astrológicos, etc.

Si tiene alguna otra idea o inspiración sobre cómo puede trabajar con estas energías fuera de estas cinco sugerencias, definitivamente úselas. Independientemente de lo que decida, es importante que lo convierta en una práctica diaria porque cuanto más trabaje a propósito con estas energías, más fácil será que fluyan y tengan efectos reales perceptibles en su vida.

Es innegable que los eventos astrológicos tienen un impacto en su vida. A medida que la Tierra comienza su viaje desde la era de Piscis hasta la era de Acuario, es crucial comprender las energías que están llegando, para que pueda trabajar con ellas. Pero, ¿qué significa realmente la edad de Acuario? Descúbralo en el siguiente capítulo.

Capítulo cinco: Los pleyadianos y la era de Acuario

La era de Acuario es un concepto astrológico. Significa un momento en el que el eje de rotación de la Tierra, en relación con las estrellas, experimenta un lento bamboleo, y el Sol se mueve en un lapso de 2.160 años. El eje de la Tierra permanece en constante movimiento, cambiando gradualmente. A medida que pasa el tiempo, el equinoccio de primavera atraviesa los diferentes signos del zodíaco. La humanidad está entrando ahora en la era de Acuario, suplantando a la anterior era de Piscis.

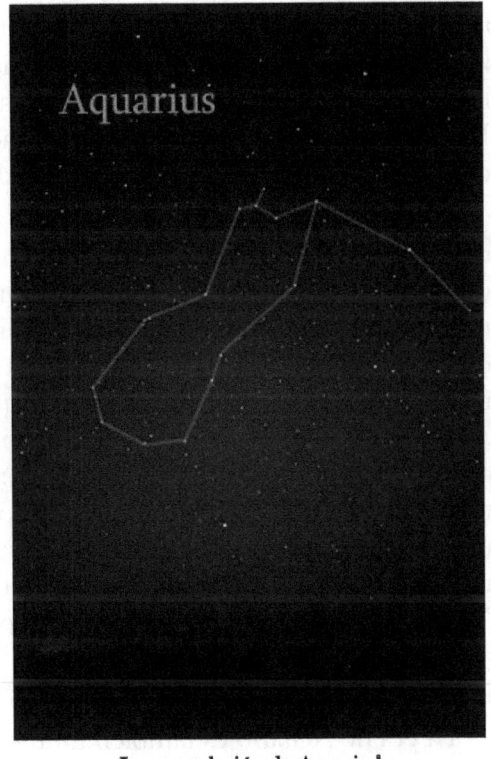

La constelación de Acuario*

Temas de la era de Acuario

La era de Acuario tiene temas y características que la distinguen. El primero es el del individualismo y la conciencia colectiva. Es posible que haya notado que las personas están más enfocadas en la individualidad. Es posible que se encuentre más interesado en desarrollar su libertad como persona. La energía de la era de Acuario impulsa a todos a prestar atención a lo que los hace únicos y a expresar su autenticidad. Curiosamente, equilibra este enfoque en el individualismo al fomentar también un enfoque en las relaciones entre todas las personas. Este es un período en el que puede esperar ver la elevación de la conciencia colectiva hasta el punto en que la humanidad finalmente viva en unidad.

Los temas gemelos del progreso social y el humanitarismo también son el sello distintivo de la era de Acuario. En este momento, las personas están fuertemente motivadas para considerar los valores humanitarios en sus elecciones. La humanidad está despertando al hecho de que se requiere progreso social, ya que durante mucho tiempo, las personas han estado viviendo vidas reprimidas. Por lo tanto, ahora hay un enfoque en la justicia y la igualdad y en garantizar que hasta la última persona en la tierra tenga sus necesidades básicas satisfechas. Esta era se trata de construir comunidades que trabajen unas con otras, con el único objetivo de mejorar el estado de la humanidad.

Otra cosa a tener en cuenta sobre la era de Acuario es el rápido desarrollo de la tecnología y la innovación constante. Si ha estado observando de cerca el viaje de la humanidad en ciencia y tecnología, parecería que la raza ha dado saltos cuánticos. Eche un vistazo al mundo de la inteligencia artificial, por ejemplo. Todos los días hay un nuevo robot, habilidad y modalidad de IA que mejora la vida en la Tierra. Acuario está bajo la influencia de Urano. La energía de este planeta tiene que ver con la revolución, la innovación y el progreso científico. Por lo tanto, es natural que haya un rápido desarrollo de la ciencia y la tecnología. Los seres humanos serán aún mejores en el desarrollo de nuevas ideas y en la identificación de necesidades que no eran obvias. Nadie sabe con certeza cuál será la próxima novedad. Sin embargo, puede estar seguro de que afectará la forma en que se comunica, interactúa y vive.

La era de Acuario es también un momento en el que la conciencia se elevará a medida que las personas despierten espiritualmente. Aquellos que nunca han considerado los aspectos más amplios de sí mismos, de repente descubrirán que se sienten atraídos por la espiritualidad. Todo el mundo es cada vez más consciente de un hambre innata de explorar su alma. Donde una vez vivimos en una sociedad dominada principalmente por hechos científicos y empíricos que los cinco sentidos pueden observar, la humanidad está cambiando hacia la exploración del mundo esotérico con tanto detalle como lo ha hecho con el físico. Esto afectará a todos los aspectos de la vida.

La conexión entre la era de Acuario y las enseñanzas pleyadianas

Si bien no hay necesariamente una correlación colectivamente acordada entre los temas de las enseñanzas pleyadianas y la era de Acuario, es innegable que se pueden encontrar similitudes entre ellos. Por un lado, el mensaje pleyadiano y la era de Acuario tienen que ver con el cambio colectivo de conciencia. Enfatizan que habrá una transición de lo viejo a lo nuevo. Los pleyadianos enseñan que la humanidad está pasando por un período de cambio en el que la conciencia se intensifica y el viaje espiritual se vuelve más intenso. Este es el proceso de alinearse con un propósito superior, algo de lo que continúan hablando en todas sus enseñanzas. Es el despertar de la naturaleza espiritual de la humanidad.

Los pleyadianos también enseñan sobre la importancia de elevar la conciencia y promover la unidad. Como se mencionó en capítulos anteriores, estos seres son conscientes de la interconexión de todo y de todos los que existen. Se dan cuenta de que comprender esta interconexión es fundamental para experimentar el verdadero amor y la unidad en todos los ámbitos de la existencia. Estos valores también son alentados por la energía de la era de Acuario. Esta era tratará de ir más allá de las historias y limitaciones del ego, permitiendo una conexión más robusta, expansiva y trascendente entre nosotros.

Tanto las enseñanzas pleyadianas como la era de Acuario tratan sobre el despertar espiritual. Ambas encarnan la idea de que los humanos serán mucho mejores en el uso de su intuición y otras habilidades psíquicas de lo que ya son. Los pleyadianos animan a las personas a ponerse en contacto con la sabiduría dentro de ellos. Tiene que aprender a confiar en su intuición. También debe seguir ese fuego dentro de usted que le empuja a aprender sobre el conocimiento esotérico. No está solo en este viaje. Todo el colectivo está despertando a los seres dimensionales superiores junto con ustedes.

Los pleyadianos también tienen que ver con la sanación y el amor universal. Cada vez que se canalizan, a menudo piden a las personas que aprendan a ser compasivas consigo mismas, con los demás y con el mundo en el que viven. Estas advertencias se hacen eco de lo que se espera en la era de Acuario. Cuanto mejor encarne el amor y emane energía curativa, más positivamente se verá afectado el mundo.

Al revisar las enseñanzas pleyadianas, encontrará que abordan la importancia de la guía y la asistencia espiritual. Estos seres están siempre presentes y listos para ofrecerte la ayuda que necesita en su viaje espiritual. Dese cuenta de que tiene un papel vital que desempeñar en el cambio del colectivo durante la era de Acuario.

Por favor, recuerde que las conexiones entre los mensajes pleyadianos y la era de Acuario tienen matices. La edad de Acuario es un concepto astrológico. Las enseñanzas pleyadianas, por otro lado, son el resultado de la información canalizada. Por lo tanto, es posible que encuentre cierta disparidad entre varios puntos de vista sobre cada uno de estos conceptos.

Los pleyadianos sobre la activación del ADN en la era de Acuario

Los pleyadianos han hablado sobre la activación del ADN latente en los humanos y el potencial que espera ser desbloqueado en la humanidad. Enseñan que el ADN es un modelo energético que contiene la plantilla para la conciencia en múltiples dimensiones y el crecimiento acelerado, espiritualmente hablando.

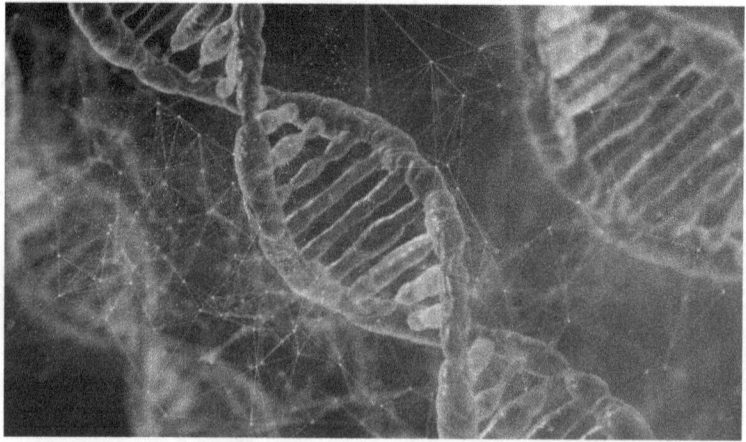

Los pleyadianos creen que los humanos tienen ADN latente que necesita activación'

Las energías cósmicas y las alineaciones planetarias también tienen un efecto sobre el ADN inactivo. ¿Cómo se activa el ADN latente? Usando el poder de los eventos astrológicos discutidos anteriormente. Al aprovechar deliberadamente estas energías y establecer la intención de despertar lo que está dormido en su interior, comenzará a experimentar fenómenos que, una vez, la gente consideraba imposibles o materia de cuentos de hadas.

La activación del ADN es esencial para el despertar y la evolución del colectivo. Es por eso que debe tener una práctica diaria que le alinee con la frecuencia más alta de la era de Acuario. Lleva dentro de usted una gran sabiduría de la antigüedad. Desbloquear esta sabiduría puede hacer que su conciencia se expanda, ayudarle a crecer hacia la madurez espiritual e incluso llevar su intuición a grandes alturas. Encontrará una plétora de dones espirituales. Ya sea que se trate de sanación, telepatía, canalización, intuición, percepción expandida, conciencia de múltiples dimensiones o conexión con reinos superiores, la activación de su ADN le dará todo esto y más.

Haga el trabajo para crear las mejores condiciones que permitan que su ADN se active. Esto significa practicar la autorreflexión, aprender sobre las energías, hacer de la meditación una práctica diaria, asegurarse de decir su verdad, etc. Cuando elige vivir conscientemente, borra todas las obstrucciones energéticas que le impiden expresar los poderes encerrados dentro de usted.

Los pleyadianos enseñan que la activación del ADN no es algo que ocurre en el vacío. Practique la colaboración y la apropiación con todos los habitantes del planeta. Así que, mientras pone su granito de arena para acceder a los poderes que lleva dentro, colabore con otros para compartir lo que sabe y lo que ha experimentado para que ellos también puedan aprender de usted y crecer. Además, si su corazón está en ayudar al colectivo, debe integrar las energías de los eventos planetarios en su vida diaria. Encuentre maneras de insertar esta energía en cada interacción que tenga. Es posible que no esté hablando necesariamente de pleyadianos u otras cosas esotéricas. Sin embargo, infunda esa energía en sus conversaciones mientras interactúa con los demás. Deje que fluya de usted cuando pasen tiempo juntos o incluso pateando una pelota, ya que esto hará que su energía se contagie a ellos y los atraiga a una frecuencia más alta.

Tenga en cuenta que lo que enseñan los pleyadianos no se trata de tener superpoderes con los que puedas flexionar. No se trata de presumir. Se trata de usar esos poderes para ayudar a las personas que le rodean. Cuando su corazón está en el lugar correcto, sabe que estos dones le han sido dados para que pueda servir a los demás, a la tierra y al cosmos. En el próximo capítulo, descubrirás si es una semilla estelar. ¿Cómo? Con su carta natal.

Capítulo seis: Cartas natales de semillas estelares

¿Qué es una carta natal?

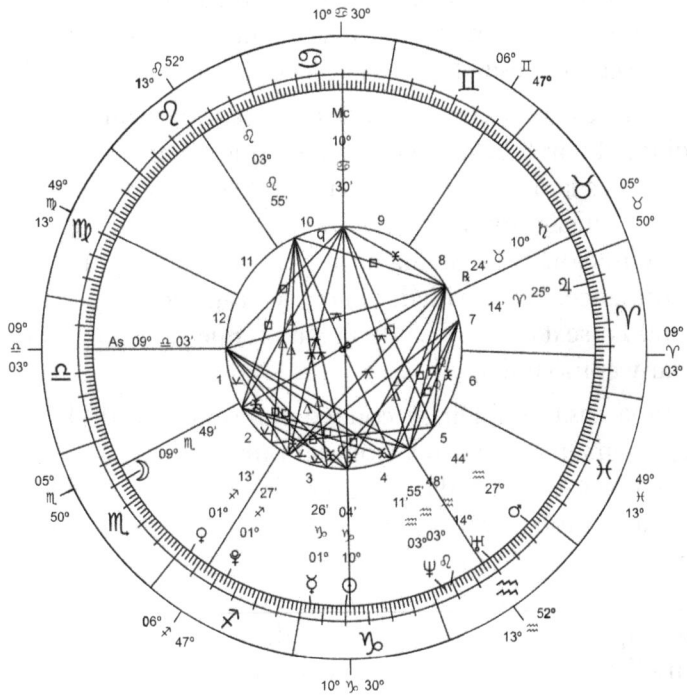

Ejemplo de carta natal [10]

Su carta natal ofrece una visión general de las posiciones planetarias cuando nació. Piense en ello como una instantánea de las energías celestiales que fueron influyentes cuando se encarnaron en la Tierra. Puede esperar encontrar el Sol, la Luna, los planetas y otros cuerpos celestes en su carta natal. Debe saber cuándo y dónde naciste para crear su carta. También es útil tener la hora precisa de su nacimiento.

La carta natal tiene varios componentes esenciales que hacen posible que pueda interpretarla con precisión. En primer lugar, los planetas de su carta natal son representativos de las diversas energías y arquetipos de tu personalidad y experiencias en la vida. Los planetas astrológicos son el Sol, la Luna, Mercurio, Venus, Marte, Júpiter, Saturno, Urano, Neptuno y Plutón. Cada uno tiene su firma energética única que te afecta de diferentes maneras.

Su carta natal también tiene casas. Estas casas representan varios aspectos de tu vida donde se manifiestan las energías de los planetas. Hay 12 casas en su carta. Cada una está conectada a temas específicos. La primera casa es la del Yo. Refleja cómo se ve. Es la primera impresión que la gente tiene de usted cuando le conoce. La siguiente casa es la del Valor. Tiene que ver con sus finanzas personales y con las cosas que posee y tiene en alta estima. Si quiere conocer el estado de sus finanzas y lo seguro y estable que es, esta es la casa que debe visitar.

La tercera es la casa de la Comunicación, que representa el pensamiento, el aprendizaje y la forma en que interactúa con los demás. La cuarta casa es la del Hogar y la Familia. Esta casa representa el hogar, la familia y el lugar donde se echan raíces. Le dice mucho sobre su estabilidad emocional. La quinta es la casa del Placer, que tiene que ver con su romance, creatividad, hijos y capacidad para expresarte plenamente. La sexta es la casa de la Salud, que trata sobre el estado de su bienestar y cómo trabaja.

La séptima casa también se conoce como la casa de la Asociación, que es representativa de las relaciones, el matrimonio y las asociaciones que pueda tener en su vida. Se trata de cooperar con los demás y encontrar la armonía y el equilibrio. La octava casa es la de la Transformación. Esta casa trata sobre el renacimiento, la muerte y el cambio. La casa de la Filosofía, o la novena, tiene que ver con la educación superior. También se trata de viajar para conocer nuevas culturas, tradiciones y filosofías. Esta casa cubre todo lo relacionado con el crecimiento y la expansión personal.

En el número 10, tiene la casa de la Carrera, que tiene que ver con su reputación, estatus social y trabajo. Se trata de su ambición, impulso y los logros por los que es reconocido. La undécima casa también se llama la casa de la Amistad. Representa a los grupos y causas sociales a los que pertenece. Nadie existe como una isla. Por lo tanto, esta casa es importante porque le permite encontrar la plenitud de la mejor manera posible, dependiendo de lo que diga su carta natal. Por último, está la duodécima casa, la del Inconsciente. Representa todo lo relacionado con su mente inconsciente o subconsciente, el karma y la espiritualidad. Esta es la casa de la introspección. Le invita a mirar hacia adentro, crecer espiritualmente y transformar su vida.

Además de planetas y casas, encontrará signos del zodiaco en tu carta natal. Hay 12 signos del zodíaco, y todos tienen diferentes rasgos y cualidades. Los 12 signos del zodiaco y el orden secuencial son Aries, Tauro, Géminis, Cáncer, Virgo, Libra, Escorpio, Sagitario, Capricornio, Acuario y Piscis. Su signo solar es en el que estaba el Sol cuando nació.

Los aspectos son otra parte vital de la carta natal. Los aspectos son las relaciones angulares entre todos los planetas de su carta natal. Le dicen mucho sobre cómo las diferentes energías de los diferentes planetas interactúan entre sí y afectan su vida. Las conjunciones son lo que se obtiene cuando los planetas están cerca unos de otros. Los aspectos de oposición en su carta natal ocurren cuando dos planetas están en lados opuestos. Tiene un trígono cuando dos planetas están separados por 120 grados, un cuadrado cuando están separados por 90 grados y un sextil cuando están separados por 60 grados. Juntos, le permiten conocer los desafíos que puede experimentar y su potencial.

¿Por qué las cartas natales son necesarias para encontrar el origen de su semilla estelar?

Su carta natal es esencial, ya que le ayuda a descubrir sus orígenes y a comprender el viaje de su alma. Una mirada crítica a su carta le permitirá saber qué firmas de energía e indicadores están presentes y le ayudará a identificar tus orígenes como semilla estelar. Entre los indicadores que le ayudan a averiguar de dónde viene están los realineamientos planetarios, los aspectos, los sistemas estelares que aparecen en la carta y, lo más importante, los nodos. Recuerda, cuando los planetas están en posiciones particulares y ciertos aspectos aparecen en su carta, podrían alinearse con frecuencias de energía de un sistema estelar o más, lo que le dará una pista sobre sus orígenes de semillas estelares.

¿Tiene curiosidad por conocer los factores astrológicos que son importantes para determinar sus orígenes? Bueno, lo primero que debe considerar son las alineaciones planetarias. A continuación, debe fijarte en los nodos de la luna. Verás, los nodos norte y sur de la luna son vitales para descubrir cómo fue su vida pasada y cuál es la única misión de su vida actual. También debe tener en cuenta los sistemas estelares y las estrellas fijas de su carta. Por ejemplo, Arcturus, Sirio, Orión o las Pléyades están todas conectadas con los orígenes de las semillas estelares, y si son prominentes en tu carta, esto podría significar que estás atado a esos lugares a nivel cósmico.

Los pleyadianos enfatizan la importancia de explorar su carta natal para comprender su verdadera naturaleza y de lo que es capaz. Enseñan que su alma elegirá una hora, fecha y lugar de nacimiento en particular para aprovechar las energías planetarias disponibles para desarrollarse y crecer. Su carta natal le enseñará todo sobre las lecciones que se supone que debe aprender en esta vida. Si se siente perdido y no es consciente de sus talentos, puede usar su tabla para averiguar qué debe hacer con su tiempo y energía. Trabajar con la información que obtiene de su carta natal es una excelente manera de acelerar su despertar y desarrollo espiritual. Además, comprender su carta natal no le dará una vida fácil y ventosa, pero hará que sus desafíos sean menos desalentadores, ya que ya sabe con qué luchará y dónde se encuentran sus fortalezas.

Interpretación de las cartas natales con influencias pleyadianas

A la hora de interpretar tu carta natal, debe fijarse en ciertos aspectos y otros factores fuertemente conectados con las frecuencias pleyadianas. Primero, considere lo que está sucediendo con el cúmulo pleyadiano en su carta, particularmente en lo que respecta a los planetas personales. El Sol, la Luna, Mercurio, Venus y Marte se consideran planetas personales, y cuando están en conjunción o alineación cercana con las Siete Hermanas en su carta, es muy probable que sea pleyadiano.

Otro dato interesante acerca de las semillas estelares pleyadianas es que son fuertemente venusianas en su energía. Recuerde, estos seres tienen que ver con la belleza, la vida armoniosa y el amor. Estos rasgos son un reflejo del planeta Venus. Si tiene Venus en Libra o Tauro, tiene orígenes pleyadianos.

Si es una semilla estelar pleyadiana, lo más probable es que tenga ubicaciones planetarias importantes en la quinta o séptima casa. Recuerde, la quinta casa es la casa de la creatividad y la autoexpresión, mientras que la séptima casa se trata de relaciones y asociaciones. Como semilla estelar pleyadiana, es natural que desee expresarse creativamente y conectarse con los demás.

Una última señal a tener en cuenta en tu carta natal es si tiene aspectos positivos relacionados con Neptuno. Verá, Neptuno es un planeta que fomenta la conexión espiritual. Se trata de reinos más altos que la Tierra. Neptuno es también el planeta de la intuición, y como semilla estelar pleyadiana, puede tener aspectos positivos como trígonos o conjunciones entre Neptuno y otros planetas. Si lo hace, puede conectarse con la sabiduría espiritual y acceder a la guía de los pleyadianos.

La importancia de los nodos

Los pleyadianos enseñan que el nodo Norte es una poderosa señal del camino de su alma y de los orígenes de las semillas estelares. Si su nodo Norte está en Libra o Tauro, está fuertemente conectado con los pleyadianos porque esos signos del zodíaco poseen poderosas energías de armonía, amor y desarrollo espiritual.

El nodo Sur representa su vida pasada y los patrones de karma con los que lucha. Si es de origen pleyadiano, puede notar que su nodo Sur es Aries o Escorpio, y esto podría ser una señal de que lucha por ser asertivo, transformarse y lidiar con las dinámicas de poder. Cuando elige trabajar a través de estos obstáculos, finalmente puede llegar a ser mucho más alto en frecuencia, emanando aún más energía pleyadiana de la que ya tiene.

Es necesario prestar atención a los aspectos nodales. Estos aspectos se encuentran entre otros planetas y tus nodos Norte y Sur, y pueden decirte más sobre la historia de origen de su semilla estelar y la evolución de su alma. Los aspectos armoniosos como sextiles o trígonos entre la Luna, Neptuno o Venus y sus nodos podrían ser signos de que es pleyadiano.

Supongamos que está mirando una carta natal y se da cuenta de que su Sol se encuentra en conjunción con el cúmulo de las Pléyades. Eso significaría que las energías de las Pléyades influyen altamente en su ser fundamental. Sugiere que su propósito para estar aquí en la tierra es expresar sabiduría, amor y crecimiento espiritual. Si Venus se alinea con las Pléyades, se siente atraído por la belleza, la armonía y el amor. Por lo tanto, ya sea que se trate de tu relación, creatividad, arte o estética, está altamente influenciado por la energía pleyadiana.

¿Y si su carta tiene un aspecto armonioso entre Neptuno y la Luna? Lo que esto significa es que su intuición es fuera de serie. Y no solo eso, está en contacto con sus emociones. Para desarrollarse espiritualmente, debe confiar en su intuición y sensibilidad emocional. Ahora, supongamos que en esta misma carta natal, encuentra que Plutón y Marte forman un aspecto desafiante. Esto implicaría que debe encontrar una manera de cambiar sus energías asertivas y equilibrarlas. Otros elementos astrológicos que demuestran influencias pleyadianas incluyen:

- Un cúmulo de planetas en Cáncer, Géminis o Tauro.
- La Luna en Piscis o Cáncer.
- Venus en Libra o Tauro.
- Neptuno en una posición prominente en Su carta natal.
- El nodo Norte se posiciona y Cáncer Géminis o Tauro.
- Aspectos armoniosos con el medio cielo o ascendente.

Si desea obtener más información sobre cómo identificar sus raíces pleyadianas, diríjase al siguiente capítulo.

Capítulo siete: Identificando sus orígenes pleyadianos

Cómo descubrir sus raíces pleyadianas

Identificar sus raíces pleyadianas requiere autodescubrimiento y estar en contacto con su intuición[11]

¿Quiere descubrir sus raíces pleyadianas? Bueno, debe recordar que este viaje es muy personal. Requiere que esté en contacto con su intuición. Si bien puede aprender mucho de la astrología, el hecho es que el verdadero autodescubrimiento es algo que debe hacer yendo hacia adentro. Veamos cinco posibles formas de sumergirse profundamente y explorar sus raíces pleyadianas sin necesidad de influencias externas que le ayuden.

En primer lugar, debe practicar la autorreflexión: Conviértalo en un hábito diario para reflexionar sobre su día y cómo ha sido la vida últimamente. La meditación, el diario y la atención plena son prácticas útiles para la autorreflexión y le ayudarán a prestar atención a los susurros que provienen de su interior. Siéntese en quietud y notará que sus pensamientos intuitivos burbujean a la superficie para que los aborde y los reconozca.

Decídase a convertirse en un buscador de conocimiento y sabiduría: Sumérjase en el vasto mar de la sabiduría pleyadiana, para que pueda aprender todo lo que puedas sobre la mitología que rodea a las Siete Hermanas. Busque en Internet o en tu biblioteca local todo lo relacionado con las Pléyades. Cuanto más conocimiento absorbe, más rápido se despierta a quién es realmente y a la sabiduría que lleva dentro de usted.

Conéctese directamente a las energías pleyadianas: Al practicar ejercicios de visualización, se sintonizas con las frecuencias pleyadianas. También puede invitarlas a estar presentes durante los eventos más mundanos de su vida cotidiana. Al aceptar y reconocer que le han escuchado, naturalmente las atraerás cerca de usted, y esto le ayudará a aprender más sobre sus raíces pleyadianas. Es posible que experimente sueños o proyecciones fuera del cuerpo durante los cuales descubre verdades sobre su ascendencia.

Respete el regalo que es su intuición: Debe aprender a confiar en la sabiduría que viene de su interior. La intuición, cuando se divide en dos palabras diferentes (*in-tuition*), es literalmente "enseñanza que viene de adentro". Como semilla estelar pleyadiana, tiene la energía pleyadiana dentro de usted, y contiene todo lo que necesita saber sobre su pasado y futuro como un alma en constante evolución. Por lo tanto, fíjese cuando encuentre símbolos que aparezcan repetidamente en sus sueños. Preste atención a los eventos sincrónicos, ya que podrían ser guías que le muestren el camino que debe recorrer.

Encuentre su tribu: Tiene que buscar a otras personas que sean como usted. Encuentre personas a las que les apasione aprender sobre su ascendencia pleyadiana. Supongamos que es difícil encontrar personas a su alrededor interesadas en el conocimiento esotérico. En ese caso, puede usar Internet para encontrar foros, grupos sociales y reuniones locales cerca de usted. Construyan una comunidad de personas que compartan los mismos valores que ustedes, ya que esto acelerará su ascensión como alma. Tendrá más información sobre quién eres como semilla estelar pleyadiana.

Señales de que está despertando como un pleyadiano

Usted ha elegido caminar por el sendero del despertar. Esto significa que nunca volverá a ser el mismo. Para tener éxito en su viaje, debe mantenerse abierto y continuar reflexionando sobre su vida y sus elecciones. Debe tener un fuerte deseo de saber quién es y estar dispuesto a sondear las profundidades de su alma. A medida que se embarca en este viaje personal y altamente espiritual, comenzará a experimentar señales de que estás despertando como un pleyadiano. El despertar se desarrolla de manera diferente para todos, y los conocimientos que obtenga diferirán de los que obtenga la siguiente persona. Dicho esto, aquí hay algunas señales potenciales a tener en cuenta:

Sus niveles de sensibilidad aumentan significativamente: A medida que comienza a darse cuenta de quién es como pleyadiano y acepta sus orígenes, encontrará que es cada vez más sensible a las emociones, la energía y cualquier cambio sutil o vibración en su entorno inmediato. El aumento de la sensibilidad le da profundidad a su experiencia de vida, lo que le permite comprender realmente dónde está en cada punto. Se vuelve mucho más consciente de sus emociones. Por lo general, las personas caminan como zombis, sin darse cuenta de lo que les hace pasar de los altibajos emocionales. Sin embargo, despertar como un pleyadiano significa que reconocerá estos cambios a medida que comienzan. Esto implica que descubrirá patrones de comportamiento que no le sirven y se adelantará a ellos antes de que puedan arraigarse en su vida, como siempre lo han hecho. Ser cada vez más sensible es beneficioso porque le ayuda a ser más empático con los demás. Aprenda a notar lo que puede ver, oír *y* sentir. De esta manera, puede interactuar con los demás desde un lugar de poder, seguridad y amor.

Su conciencia se expandirá: A medida que despierte a sus orígenes pleyadianos y los integre, encontrará que su percepción de la realidad florecerá. Comienza a cuestionar la naturaleza de la existencia, dándose cuenta de que la forma convencional de hacer las cosas no parece sostenible. Piense en temas profundos como la verdadera naturaleza de la realidad y el sentido de la vida. Considere la conexión entre la existencia espiritual y la material. A medida que trabaje en la expansión de su conciencia, sentirá una atracción hacia la búsqueda de diferentes formas religiosas de pensar, filosofías y otras prácticas que podrían arrojar luz sobre la verdad de la existencia. También descubre que ya no eres una víctima del pensamiento dualista, en el que asume que es blanco o negro. Empieza a ver los tonos de gris en todo, entendiendo que la vida debe ser vista desde un punto de vista más holístico. Su conciencia en expansión implica que tendrá acceso a tales profundidades de conciencia que nunca podrías haber imaginado antes de comenzar su viaje. Es posible que descubra habilidades psíquicas o incluso percepción extrasensorial, lo que le ayudará a acceder a una sabiduría que no está disponible para la mayoría.

Sus habilidades intuitivas se activarán: Cuanto más se sumerja en sus raíces cósmicas, más encontrará que sus dones intuitivos se vuelven obvios. Por un lado, recibirás mensajes claros de su ser superior. Estos mensajes pueden aparecer de varias maneras. Es posible que tenga sueños, reciba destellos de comprensión durante la meditación o incluso experimente una comunicación directa a través de la escritura o la canalización automáticas. Tiene un conocimiento interno sin poder explicar cómo sabe lo que sabe. A medida que se sumerja en sus orígenes pleyadianos, preste atención a los empujones intuitivos que recibe, ya que desempeñarán un papel a lo largo de su viaje. Si se siente inclinado a pararse en su cafetería favorita a las 2:13 p. m., debe hacerlo sin hacer preguntas. Estos empujones intuitivos son importantes porque le brindarán las oportunidades y experiencias que necesita para crecer.

Desafíos a los que se enfrentará el pleyadiano despierto

A medida que se vuelve más consciente de quién es como pleyadiano y semilla estelar, debe recordar que se encontrará con un buen desafío. Es posible que vea estos desafíos como obstáculos, pero ese no es el caso. Puede usarlos como peldaños o combustible para el fuego que arde dentro de usted para transformarse a sí mismo y a la humanidad para mejor. Sin más preámbulos, estos son algunos de los desafíos que encontrará:

Es posible que inicialmente se sienta abrumado por el proceso de integración de su conciencia multidimensional. Un efecto secundario inevitable de despertar a sus orígenes pleyadianos significa que expandirán su conciencia mucho más allá de lo que es típico para los humanos. Recibirá información y sensaciones de dimensiones además de la física. Como resultado, esto puede ser difícil de manejar porque le bombardearán con demasiada información. Al menos, eso es lo que sentirás al principio hasta que se acostumbre. Sus relaciones se verán afectadas a medida que intente equilibrar su nueva conciencia expandida y su vida mundana regular. Debe encontrar una manera de mantener la armonía con las personas que le rodean y mantenerse conectado a tierra mientras es consciente de otros reinos.

Es posible que experimente incertidumbre a medida que descubre sus sistemas de creencias. No hay manera de evitar el proceso de cambiar sus creencias a medida que aceptan que es un pleyadiano. Muchas de las creencias que tiene cerca y queridas serán desafiadas. Esto no es fácil, ya que muchas personas se identifican con patrones de pensamiento establecidos. Sugerir que las cosas que compra son innecesarias puede sentirse como una erradicación del individuo. Debe pasar por este proceso. Se encontrará dejando ir el condicionamiento que ha aceptado y con el que ha sido programado desde el nacimiento. Dará a conocer la programación de los padres, las figuras de autoridad, la religión, la cultura, la sociedad, los medios de comunicación, etc. A medida que se despoje de las creencias limitantes que no le sirven como peso muerto, se vuelve más ligero, evolucionando hacia un ser de luz a medida que honra su verdad, que burbujeará naturalmente desde su interior. Sin embargo, tenga cuidado con la tentación de sugerir a los demás que sus creencias no son válidas. Aquellos que despierten observando los cambios en su vida lo harán naturalmente. No hay necesidad de forzar sus creencias en la garganta de nadie.

La turbulencia emocional como resultado de su curación puede ser incómoda. Despertar significa que comenzará a sentir emociones a un nivel profundo a medida que sana todo el daño de vivir una vida de menos conciencia de la que estás experimentando. Notará que las heridas y traumas del pasado comienzan a resurgir en su mente consciente, pidiendo ser resueltos. Los patrones que han plagado su ascendencia durante generaciones saldrán a la superficie, buscando ser liberados y sanados. Debe entender que este proceso es bastante intenso. Debe ser valiente y mantenerse firme porque el oro debe pasar a través de un fuego intenso para ser purificado. Sea amable consigo mismo mientras experimenta este proceso. Necesita buscar una comunidad que entienda por lo que está pasando. Cuídese. No se salte ni un día de prácticas de mindfulness. Además, no intente reprimir ninguno de estos traumas porque eso solo hará que su malestar aumente y dure más tiempo.

Es posible que experimente resistencia y miedo a medida que descubre su verdadero propósito. Darse cuenta de que está aquí para servir a la humanidad y sanar el planeta puede parecer mucho. Es comprensible querer rehuir una responsabilidad tan grande. Sin embargo, debe recordar que no está solo en este proceso. No es como el mítico Atlas cargado con el mundo sobre tus hombros sin nadie que le ayude a llevarlo. Tiene una familia entera que abarca generaciones y en todo el mundo trabajando en el mismo objetivo. Así que no tenga miedo de prestar sus pasiones, dones únicos y conocimientos a la causa. No tenga miedo de ponerse en los zapatos de su verdadero ser porque esto es parte de su evolución. Es inevitable, así que es mejor que disfrute del viaje y lo acepte por completo.

Es posible que tenga problemas para equilibrar su vida espiritual y material. Se está dando cuenta de las frecuencias más altas. Como resultado, estará expuesto a fenómenos y líneas de pensamiento poco comunes. Algunas personas se pierden demasiado en la fuente y olvidan que deben hacer cosas básicas como continuar su trayectoria profesional, mantener sus relaciones prósperas y ocuparse de las responsabilidades diarias. Enfréntese a este desafío manteniéndose conectado a la realidad mientras experimenta su evolución espiritual. Puede hacer esto tomando las percepciones espirituales que obtiene de sus prácticas e integrándolas en sus actividades diarias.

Habrá desafíos que enfrentar cuando se trata de manejar sus sensibilidades energéticas. No puede evitar volverse más sensible a su entorno, por lo que captará las energías y los estados emocionales de otras personas. A veces es casi como si pudiera leer sus mentes. Si no tiene discernimiento, puede asumir que los pensamientos de otra persona son suyos. La forma de manejar este desafío es aprender a establecer límites energéticos. Debe cultivar prácticas que le ayuden a ser más consciente de su verdadero yo. Ya sabe que el mindfulness es una excelente herramienta para ayudarle con esto. Trabajar con acupuntura, sanación pránica, meditación o reiki también es efectivo. Si se encuentra completamente abrumado por la energía de alguien, puede practicar el corte de cable energético. Visualice los cordones energéticos conectados a usted y a esta persona, y luego imagínelos cortándose suavemente y disolviéndose en la nada. También puede imaginarse rodeado de una burbuja de luz blanca o rosa para que no tome la energía de otras personas a medida que avanza en su día.

Es posible que este viaje le resulte bastante solitario y alienante. Cuando no tiene personas a su alrededor que compartan los mismos ideales pleyadianos, puede sentirse como si estuvieras solo en el mundo. Anhela que le entiendan, pero lamentablemente, es un alma rara la que le atrapará. Es por eso que debe buscar de manera proactiva personas con ideas afines y construir una comunidad que le apoye. Asista a reuniones espirituales y consulte los foros en línea para conocer a otras personas y formar una familia.

Tendrá que hacer un poco de trabajo en la sombra y practicar la autointegración. Como semilla estelar pleyadiana que fue despertada, no puede saltarse el trabajo requerido para sanar las partes de usted que ha continuado negando o ignorando. Debe traer su sombra a la luz para que no solo pueda sanar, sino que pueda integrar los dones que yacen dentro de la sombra. Muchos asumen que el yo en la sombra es horrible y no tiene nada bueno que ofrecer. Por lo tanto, creen que la sombra debe ser reprimida. Sin embargo, su sombra alberga algunas de las cosas más profundas sobre usted. Esto se debe a que su sombra está compuesta de todas las cosas que la gente no aprobaba y que rechazaba voluntariamente para poder encajar. Recuerde que, como semilla estelar pleyadiana, debe ser auténtico. Por lo tanto, el trabajo con la sombra no es opcional. Para ayudarse a lo largo de tu viaje, puede trabajar con sanadores, terapeutas y guías espirituales para integrar este aspecto de usted mismo y llegar a ser completo.

Empezará a tener recuerdos de vidas pasadas que tiene que integrar. A medida que despiertan a sus raíces pleyadianas, puede recordar eventos de su vida pasada. Este recuerdo puede suceder como destellos en su mente. Alternativamente, puede experimentar esas vidas en sus sueños. Descubrir que solía ser un comandante romano de sangre fría que amaba demasiado la guerra puede ser muy discordante. Imagine descubrir que ha vivido vidas en las que sus valores actuales son la antítesis de esos personajes del pasado.

En otras palabras, la experiencia de recordar e integrar estos recuerdos es intensa. Debe ser paciente consigo mismo y practicar el discernimiento para evitar tomar cualidades de esas vidas que no le servirían. Además, sería útil si trabajara con terapeutas o guías espirituales con experiencia en la terapia de regresión a vidas pasadas. Escribir un diario y meditar son excelentes herramientas para ayudarte a integrar estos recuerdos de una manera empoderadora que enriquezca su experiencia de vida actual.

Es posible que se sienta tentado a rehuir el despertar, pero no debe hacerlo. Estos desafíos son una invitación que debe aceptar para crecer más allá de lo que es y hacer algo mucho más hermoso. Confíe en que recibirá apoyo a lo largo de su viaje. Abrace todo lo que viene con un corazón abierto y la voluntad de ir más allá de sus limitaciones actuales, independientemente de cómo se vea.

Rasgos y características de las semillas estelares pleyadianas

Existe una suposición errónea de que los pleyadianos tienen características físicas o marcas que los distinguen. Tenga en cuenta que este no es el caso y solo alimenta la discriminación y la división innecesarias entre las personas. Se cree que los pleyadianos tienen la piel pálida y los ojos azul claro. Si bien este es el caso de su forma original, eso no implica que solo los humanos con los mismos rasgos puedan ser o sean pleyadianos.

Recuerde que como semilla estelar, usted es un alma reencarnada. Eso significa que puede nacer con cualquier persona de cualquier color de piel, forma o género. Hay, sin embargo, ciertos rasgos que le distinguen. Estos rasgos de carácter ya se han abordado claramente en el capítulo dos, por lo que puede consultarlo si desea un repaso.

Por lo tanto, ahora reconoce que es una semilla estelar pleyadiana. ¿Tiene curiosidad por saber cómo se comunican los pleyadianos? El próximo capítulo le enseñará todo lo que necesita saber sobre el lenguaje de luz pleyadiano y cómo activarlo.

Capítulo ocho: El lenguaje de la luz pleyadiana

¿Qué es el lenguaje de luz pleyadiana?

El lenguaje de la luz cósmica lleva toda la sabiduría de diferentes entidades cósmicas y civilizaciones galácticas [12]

Los pleyadianos tienen un lenguaje que no respeta las barreras en términos de dimensiones. Está muy por encima y más allá de todo lo escrito o hablado en la historia de la humanidad. Este lenguaje puede romper todas las barreras de comunicación debido a su naturaleza vibratoria. Como ya sabe, todo en la vida se mueve y vibra. Esto significa que este lenguaje es fácil de entender para todos y cada uno de nosotros y es poderoso para efectuar cambios cuando se usa para ese propósito. Este lenguaje tiene mensajes codificados, activaciones energéticas y frecuencias que traen sanación y transformación. Este es el lenguaje de luz pleyadiano.

Propiedades del lenguaje de luz

El lenguaje pleyadiano trabaja con el principio de vibración. Todo lo que existe es energía; por lo tanto, es fácil que el lenguaje de luz pleyadiano afecte a todos y cada uno. Cada símbolo, tono y sonido de este lenguaje está calibrado a frecuencias que tienen efectos inequívocos en las estructuras energéticas de los entornos, objetos y personas.

Los lenguajes de luz pleyadianos trabajan con símbolos especiales conocidos como geometría sagrada. Algunas personas escuchan el término "geometría sagrada" y asumen que es un cuadrado o un círculo bendecido con agua bendita o algo así, pero ese no es el caso. Las formas de la geometría sagrada son los bloques de construcción de toda la creación. Estas formas son los principios básicos y los patrones que impulsan la realidad.

Se cree que la geometría sagrada es la piedra angular de la creación [18]

Por ejemplo, tiene la flor de la vida, un patrón con círculos que se superponen entre sí y que representan la energía de la unidad y la creación. Luego está la *vesica piscis*, con círculos que se cruzan, llevando dentro de sí las energías gemelas de la interconexión y el equilibrio divino. Las formas geométricas sagradas son esenciales, ya que contienen frecuencias energéticas e información. Estas formas transmiten frecuencias activadoras, curativas y transformadoras.

Dado que el lenguaje de la luz pleyadiana está arraigado en la geometría sagrada, puede romper todas las limitaciones del lenguaje convencional e interactuar directamente con ustedes en un nivel multidimensional. La codificación presente en el lenguaje es responsable de la activación latente del ADN para ponerse en contacto con su ser superior. Esto le permite evolucionar espiritualmente y despertar para curarse a sí mismo en todos los niveles. A medida que trabaje con este lenguaje, podrá despertar partes de usted que han estado dormidas e inconscientes durante un tiempo. Se dará cuenta de que se vuelves más creativo y expresivo. Aceptará fácilmente la sabiduría, la guía y el apoyo de entidades de dimensiones superiores.

Si está luchando con bloqueos energéticos, necesita una forma efectiva de equilibrar sus chakras, sanar su trauma emocional, etc. El lenguaje de luz pleyadiano es excelente para ayudarle a lograr todo esto y más. Esto se debe a que este lenguaje le realinea con su propósito más elevado. Con él, puede eliminar toda la paja para llegar a la verdadera esencia de su ser. Hay muchas maneras en las que pueden expresar el lenguaje de luz. Podría crear arte con él. Podría escribirlo o hablarlo. Y al igual que el lenguaje convencional, puede cantarlo.

Tipos de lenguajes de luz

Hay varios tipos diferentes de lenguajes de luz con sus características y usos únicos. Se han categorizado de varias maneras, pero debe entender que estas categorizaciones no son necesariamente rígidas y son subjetivas en su interpretación. Estos son algunos de los lenguajes de luz pleyadianos más comunes que puedes encontrar:

Lenguaje de luz galáctica: Este lenguaje de luz está atado a las enseñanzas pleyadianas y proviene de las Siete Hermanas. Se puede expresar vibratoriamente de diferentes maneras, incluyendo símbolos, códigos energéticos, tonos, sonidos, etc. Esta forma de lenguaje de luz trasciende todos los demás lenguajes, con efectos de tan largo alcance que afectan a todo el cosmos.

Lenguaje de luz angélica: Este lenguaje es específicamente para los reinos angélicos y es utilizado por los ángeles. Sus frecuencias son de guía divina, sanación y amor, y a menudo suena melodioso. Este lenguaje se habla con un movimiento que es elegante y armonioso. Con este lenguaje, podremos conectarnos con los ángeles, recibir energías angélicas y canalizar mensajes angélicos. También es un lenguaje excelente para usar cuando busca la ayuda de estos seres divinos.

Lenguaje de luz cósmica: Esta forma de lenguaje de luz trasciende reinos específicos. Lleva toda la sabiduría de diferentes entidades cósmicas y civilizaciones galácticas. Se utiliza para transmitir códigos cósmicos y conocimientos de nivel superior que permiten que la conciencia evolucione.

Lenguaje de luz elemental: El lenguaje de luz elemental está conectado con los reinos de los elementos y la conciencia de los diferentes espíritus que habitan la naturaleza. Al hablar este idioma, necesitará gestos, símbolos y sonidos para canalizar adecuadamente las energías de los elementos con los que está tratando. Los gestos ayudan a establecer una conexión profunda y fuerte con el mundo de la naturaleza. Este lenguaje trae equilibrio y armonía a su entorno y alienta a los seres elementales a trabajar con usted para el bien.

Lenguaje del alma: Esta variante del lenguaje de la luz es la expresión de la esencia de su alma. Comunica las frecuencias de su alma y el propósito para el que existe. Este lenguaje es auténtico. Requiere una comunicación intuitiva y una profunda conciencia de su verdad. Puede usar este lenguaje de luz para ayudarle con la alineación de su alma y descubrir más sobre quién es. Use esta forma de lenguaje ligero para ayudarle a aprovechar sus dones y la sabiduría que lleva.

El proceso de activación del lenguaje de la luz pleyadiana

Para activar los lenguajes de luz, debe ser capaz de enviar y recibir las frecuencias en alineación con la energía pleyadiana. Su experiencia puede diferir de la de otra persona. La siguiente es una descripción de cómo suele ser el proceso.

Primero, está el despertar. En lo profundo de su alma, experimenta un anhelo de conectarse con reinos más allá de lo físico. Por razones inexplicables, desea crecer espiritualmente y aprender todo lo que pueda sobre los mundos más allá de la Tierra. También es posible que se interese más en las estrellas y, en su corazón, sentirá que hay mucho más en su vida de lo que sabe actualmente.

Luego viene su alineación y la limpieza de energías. A medida que responden a la llamada para despertar, se encuentran experimentando alineación y limpieza energética. En otras palabras, sus creencias limitantes del pasado, viejos patrones de comportamiento y bloqueos emocionales que impiden que la energía fluya dentro de usted son erradicados. Si quiere acelerar este proceso, debe establecer conscientemente la intención de hacerlo. Manténgase abierto a que la energía curativa fluya a través de usted. La meditación le ayudará con este paso.

A continuación, experimentará una conexión consciente con los pleyadianos. A medida que mantenga sus prácticas espirituales diarias como la meditación, la visualización, etc., inevitablemente se abrirá a las energías pleyadianas. Para animarlos a que se presenten por usted, intente conectarse con ellos. Realice rituales de invocación para que sepan que está listo para su sabiduría, frecuencias y activación de energía. Debe asegurarse de que viene de un lugar de amor y no de miedo mientras hace esto.

A continuación, recibirá códigos de activación y descargas de los pleyadianos. Estos códigos y descargas energéticas podrían venir como conocimiento intuitivo o símbolos. Es posible que no pueda interpretar la información que contienen en lenguaje humano. Aun así, en un nivel profundo, sentirá que entiende lo que está viendo. Esto se debe a que estas descargas energéticas y códigos de activación se conectan directamente con partes dormidas de usted. Afectan directamente el aspecto dimensional superior de su ser para que puedan expandirse en conciencia.

Ahora es el momento de la práctica y la integración. En este punto, debe aprender a permitir que la energía fluya a través de usted y se exprese de la manera que le parezca natural. Es posible que se sienta atraído a tomar un pincel y crear arte. Es posible que se encuentre cantando o cantando durante la meditación, escribiendo automáticamente o simplemente hablando. En este punto del proceso, no permita que su mente consciente le convenza de no continuar. El proceso de activación del lenguaje de la luz pleyadiana está más allá de la lógica, así que no trate de enjaular el proceso con pensamiento lógico y racional. Es un lenguaje del alma.

Debe entender que el proceso de activación de la luz pleyadiana no es algo que sucede una vez y se hace. Es un viaje interminable en el que continúa sumergiéndose más profundamente en la conciencia y obtiene más conocimientos y cambios energéticos en el camino. Esfuércese por nutrir su conexión con las energías pleyadianas, y se expandirá de maneras que nunca creyó posibles. Esta expansión es impresionante y necesaria para toda la humanidad. Es su deber, y no debe rehuirlo. En cambio, agradezca ser parte de una causa tan grande y noble.

Beneficios de la activación del lenguaje de la luz pleyadiana

La activación del lenguaje de la luz pleyadiana le beneficia en múltiples dimensiones. Después de la activación, experimentará efectos sorprendentes en su vida y su viaje espiritual se acelerará más allá de la imaginación. Uno de los beneficios de la activación de este lenguaje es que su conciencia se expandirá, y accederá a estados dimensionales superiores de conciencia y tendrá una comprensión más profunda de cómo todo en el cosmos está conectado. Esto hará maravillas con sus habilidades de manifestación y le ayudará a sentir más amor y compasión por los demás y por sí mismo.

El lenguaje de la luz pleyadiana es también una excelente herramienta para la sanación energética. A medida que trabaje con este lenguaje, descubrirá que los símbolos, códigos y frecuencias que lleva le ayudarán a estar completo. Dado que lo más probable es que haya experimentado eventos traumáticos a una edad temprana como semilla estelar pleyadiana, este lenguaje puede ayudarle a integrar esos eventos y sanar de las heridas que le dejaron. Además, al trabajar con este lenguaje para equilibrar su sistema de chakras, experimentará una mejor salud mental, física y espiritual.

Otro beneficio de la activación del lenguaje de la luz pleyadiana es que le permite conectarse con sus guías espirituales. Nunca estuvo destinado a ir por la vida solo ni a vivir en completa confusión, sintiéndose perdido todo el tiempo sobre qué hacer a continuación consigo mismo. Es una excelente herramienta para ayudarle a obtener la guía espiritual a la que todos los humanos tienen derecho. No importa a qué situación se enfrente, recibirá el mejor consejo sobre cómo manejarla. A medida que actúe de acuerdo con los mensajes que reciba, se encontrará confiando más en sus guías, y esto solo lo llevará a estar más abierto a las energías dimensionales superiores. En otras palabras, cuanto más confía, más fe tiene en ti una inteligencia superior.

La activación del lenguaje de la luz pleyadiana le permite expresarse poderosamente y tener más confianza en quién es. Esto se debe a que inevitablemente se despoja de lo superficial para que puedas ser más auténtico al expresarte. A medida que trabaje con este lenguaje, descubrirá que elimina todas las formas de duda. Cuando se comunica con los demás, habla desde una posición de poder y amor que es difícil de ignorar y siempre deja a todos los que le escuchan bendecidos de alguna manera. Algo acerca de la activación del lenguaje de luz hace que sea más fácil para usted compartir sus verdades y bendecir a otros con sus dones. Como saben, esto es algo bueno para el despertar colectivo.

Al trabajar con este lenguaje, actualizará constantemente su frecuencia y activará el ADN necesario para convertirse en más de lo que es. Además de eso, descubrirá que su vida se siente más armoniosa y equilibrada que nunca. Dado que la activación del lenguaje de luz equilibra los centros energéticos de su cuerpo, experimentará armonía en mente, cuerpo y espíritu. Esto inevitablemente le llevará a conectarse con otras dimensiones de sí mismo. Como resultado, experimentará una vida de paz, claridad y una gran sensación de bienestar.

Preparándose para la activación del lenguaje de la luz pleyadiana

Los días y semanas antes de que experimente su activación del lenguaje de la luz pleyadiana, debe tomar medidas para prepararse para el proceso. Aquí hay un tutorial de lo que debe hacer:

Tómese el tiempo para establecer la intención de la activación del lenguaje ligero y para reflexionar sobre sí mismo. Sea claro en lo que espera obtener de la experiencia y afirme que está listo para recibir las energías.

Haga un poco de trabajo interno y limpieza de energía. Después de la autorreflexión, deben surgir bloqueos emocionales o energéticos que no le servirán. Establezca la intención de borrar estos bloqueos. Escriba un diario para sacar de usted todas las emociones que siente. Busque un terapeuta si puede, y no descuide el acto de la meditación. Despeje la energía estancada y las emociones negativas para crear un ambiente receptivo para que la energía pleyadiana fluya a través de usted y permita la activación del lenguaje de la luz.

Practique una higiene energética. Esto significa que debe tener en cuenta el tipo de medios que consumes en este momento. Además, tenga cuidado con los pensamientos que tiene. Haga ejercicios de visualización en los que despeje su energía y limpie su aura. Además, asegúrese de estar conectado a tierra.

Pase tiempo en la naturaleza. Puede caminar descalzo por el parque. La naturaleza tiene energías que le ayudan a conectarse con la tierra y a mantenerle alineado con su auténtico yo. Cuando logre esta alineación, le será más fácil conectarte con las frecuencias pleyadianas.

Esfuércese por expandir su conciencia. Esto significa meditación, prácticas de atención plena y trabajo de respiración. Esto le ayuda a mantenerse conectado a tierra y presente. Recuerde que no podrá recibir la activación del lenguaje de la luz pleyadiana si no sabe cómo enraizarse en el aquí y ahora.

Trabaje con afirmaciones y ejercicios de visualización. Usando la visualización, puede imaginar que ya esté conectado a las frecuencias pleyadianas y ha experimentado la activación. Imagine que estas experiencias han tenido lugar en su pasado, porque eso le facilita aceptar que es un trato hecho. Las afirmaciones también son excelentes para programar tu mente para prepararte para la activación. Afirme que está listo y en paz con lo que sea el proceso.

Cuídese mucho. Involúcrese solo en actividades que alimenten su mente, cuerpo y espíritu con buena energía. Puede practicar yoga o tai chi, ir a sesiones de sanación energética y esforzarse por permanecer en un estado de relajación y alegría.

Finalmente, debe permanecer en un estado de entrega y confianza. Confíe en que la activación ocurrirá cuando debería, ni antes ni después. Ríndase al proceso como sea que se desarrolle para usted. Esto significa que debe dejar de lado cualquier expectativa que pueda tener al leer o aprender sobre la historia de activación de otra persona. No se apegue demasiado a resultados específicos para que no se sienta decepcionado si no se desarrolla de esa manera. Además, dese cuenta de que estar apegado a los resultados hace que sea casi imposible para usted experimentar la activación del lenguaje de la luz pleyadiana.

Ahora ya sabe qué hacer para prepararse para este evento. Es hora de ver los pasos para activar el lenguaje de la luz en su vida.

1. Establezca un espacio sagrado que sea tranquilo y libre de distracciones. Puede hacer que la energía de ese espacio sea positiva encendiendo incienso, difuminándolo o encendiendo velas.
2. Céntrese para desarrollar una base sólida energéticamente hablando. Para ello, cierre los ojos, respire profundamente e imagine que las raíces se extienden desde los pies hasta el suelo. ¿Sentado en posición de loto? Imagine las raíces conectando sus glúteos con la Tierra. Observe la energía roja o blanca que fluye desde la Tierra hacia usted, haciéndole sentir arraigado y seguro.
3. Establezca sus intenciones. Asegúrese de que sean claras. Piense en lo que planea obtener de la experiencia. ¿Quiere orientación, sanación o que su conciencia se expanda? Sea claro y audaz a la hora de establecer estas intenciones.
4. Visualice todas las energías negativas estancadas que actúan como bloqueos energéticos dentro de su cuerpo y mente que fluyen fuera de usted a través de las raíces debajo de usted hacia la Tierra. Mientras lo hace, asegúrese de seguir respirando profundamente y, con cada exhalación, imagine que su cuerpo se vuelve más ligero y flexible. Haga esto el tiempo suficiente, y comenzará a sentir energía pura y vibrante fluyendo a través de usted.
5. Abra sus portales energéticos. Imagine una columna de luz blanca que fluye desde el cielo a través de la parte superior de su cabeza o de su chakra de la corona, moviéndose hacia abajo a través de los otros chakras hasta que termina en el chakra raíz.
6. Ahora, es el momento de conectarse con las energías pleyadianas. Visualice un rayo de luz blanca amorosa o una esfera que le abarque. Esta luz es la energía pleyadiana. Manténgase abierto a todos los regalos que tienen para usted mientras siente esta luz moviéndose a través de usted y a su alrededor.
7. Invoque verbalmente la presencia de los pleyadianos. Hágales saber que está agradecido de que estén aquí para ayudarle. Puede permitirse sonreír si lo desea porque esto elevará su frecuencia y hará que sea más fácil para ellos comenzar el

proceso.

8. Deje que el lenguaje de la luz pleyadiana fluya a través de su cuerpo y mente. Confíe en lo que está sucediendo sin tener ninguna resistencia o juicio sobre lo que está sintiendo. Si siente que debe mover su cuerpo de cierta manera, deje que su cuerpo fluya. Si siente la necesidad de empezar a cantar, hablar, corear o cualquier otra cosa, hágalo. Ríndase a lo que sea que esté sucediendo en el momento.

9. Puede saber cuándo ha finalizado la activación porque siente una sensación de finalización. En este punto, debe tomarse un tiempo para integrar su experiencia. Es posible que haya recibido percepciones o haya sentido un cambio dentro de usted. Revise la experiencia en su mente y exprese su gratitud a los pleyadianos. Agradezca a su ser superior por su papel en el proceso porque ayudó a facilitar el proceso de activación del lenguaje de luz.

Tenga en cuenta que puede realizar los cambios que desee en este proceso. Por encima de todo, siempre debe seguir lo que su intuición le lleva a hacer.

Uso del sonido y el movimiento

Como probablemente haya deducido, trabajar con sus chakras es esencial para activar el lenguaje de la luz. Cada uno de los centros de energía que lleva tiene un sonido específico que se puede usar para activarlo. Las siguientes son las sílabas semilla de cada chakra:

Trabajar con los chakras es necesario para activar el lenguaje de luz [14]

Chakra Raíz (Muladhara)
Sílaba semilla: "LAM"
Pronunciado: "lahm"
Chakra Sacro (Swadhisthana)
Sílaba semilla: "VAM"
Pronunciado: "vahm"
Ciclo del plexo solar (Manipur)
Sílaba semilla: "RAM"
Pronunciado: "rahm"
Chakra del corazón (íleso)
Sílaba semilla: "YAM"
Pronunciado: "yahm"
Ruedas de empuje (vishud)
Sílaba semilla: "HAM"
Pronunciado: "hahm"
Chakra del Tercer Ojo (Ajna)
Sílaba semilla: "OM" o "AUM"
Pronunciado: "ohm" o "aum"
Chakra de la Corona (Sahasrara)
Sílaba semilla: "NG" u "OM"
Pronunciado: "ng" u "ohm"

En cuanto al movimiento, puede hacer uso de los mudras de las manos. Estas son posiciones específicas en las que sostiene sus manos y dedos para permitir que la energía fluya a través de su cuerpo. Aquí hay mudras que puede usar para cada chakra.

Chakra Raíz (Muladhara)
Mudra: Prithvi

Colocación de la mano y los dedos: Coloque la punta del dedo anular contra la del pulgar y extienda los otros dedos.

Efectos: Esto estimulará su chakra raíz y le mantendrá con los pies en la tierra. También reduce la ansiedad y le ayuda a sentirte más seguro.

Chakra Sacro (Swadhisthana)

Mudra: Varuna

Colocación de la mano y los dedos: Toque las puntas de su dedo meñique y pulgar entre sí mientras los otros dedos permanecen extendidos.

Efectos: Este mudra está conectado con el elemento agua. Despertará su chakra sacro, le ayudará a ser más creativo y le dará un mejor control de tus emociones. También es excelente para ayudarle a atraer la abundancia y aumentar su bienestar.

Ciclo del plexo solar (Manipur)

Mudra: Agni

Colocación de la mano y los dedos: Presione la punta del dedo medio en el pulgar en la base. Doble el pulgar sobre el dedo medio para tocar los dedos anular y medio mientras el dedo índice permanece extendido.

Efectos: Despertará su chakra del plexo solar y encenderá su fuego interior. Esto es ideal para la digestión, un metabolismo más rápido, un aumento de la energía, la fuerza de voluntad, la confianza y la fuerza interior.

Chakra del corazón (ileso)

Mudra: Hridaya

Colocación de la mano y los dedos: Junte las puntas de los dedos medio, índice y pulgar mientras los otros dedos permanecen extendidos.

Efectos: A este mudra se le llama el "sello del corazón". Le ayudará a restablecer el equilibrio de su chakra del corazón. Al usarlo, sentirá armonía, compasión y amor. También le resultará más fácil sanar y perdonar.

Ruedas de empuje (vishud)

Mudra: Brisa

Colocación de la mano y los dedos: Entrelace los dedos con ambas manos y coloque el pulgar izquierdo sobre el derecho. Extienda los dedos medios, presionándolos mientras apuntan al cielo.

Efectos: Este mudra despierta el chakra de la garganta, mejorando su expresión, comunicación con los demás y su creatividad. Puede ayudarle a hablar con honestidad y claridad, y traer armonía a su mente.

Chakra del Tercer ojo (Ajna)

Mudra: No

Colocación de la mano y los dedos: Junte las yemas de los dedos en ambas manos, con las palmas una frente a la otra. Los dedos deben estar extendidos, hacia arriba y con cierta distancia entre ellos.

Efectos: Este mudra le ayudará a abrir el tercer ojo y le dará perspicacia, intuición y concentración. Puede hacer esto cuando medita y quiere profundizar. Le ofrece sabiduría interior y le abre las puertas a una conciencia superior.

Chakra de la Corona (Sahasrara)

Mudra: Shunya

Colocación de la mano y los dedos: Doble el dedo medio y presione la punta contra el pulgar en la parte inferior. Los otros dedos deben permanecer extendidos.

Efectos: Shunya activará su chakra de la corona, conectándole más con los mundos espirituales. Será más consciente y experimentará la vida desde una perspectiva trascendente. Use esto para aquietar su mente y ayudarle a ser más receptivo a la guía pleyadiana. Este mudra le hace uno con el universo y le ayuda a despertar espiritualmente.

Una nota final: No se sorprenda si siente la inclinación de bailar. Permítase moverse libremente. Si permite que la energía fluya, lo más probable es que sus movimientos sean elegantes y fluidos, tal como lo son los pleyadianos.

Ahora, ¿cómo le gustaría poder conectarse con un guía pleyadiano real? Si no está seguro de por dónde empezar, no se preocupe. El siguiente capítulo le mostrará cómo hacerlo.

Capítulo nueve: Conectando con un guía pleyadiano

Tu guía pleyadiano

Como semilla estelar pleyadiana, definitivamente tiene un guía pleyadiano. En términos generales, los pleyadianos tienen una fuerte afinidad por la humanidad. A nivel individual, las semillas estelares pleyadianas tienen guías para ayudarlos a lo largo de su viaje de vida y evolución espiritual. Su observador pleyadiano es omnisciente y benévolo, y para tener una conexión adecuada con él, debe entender el papel que está aquí para desempeñar en su vida.

El guía pleyadiano es un mentor espiritual [16]

En primer lugar, su guía pleyadiano es un mentor espiritual que trabaja con usted para ofrecerle todo el apoyo y la orientación que necesita. Inevitablemente habrá momentos en los que no sepa qué hacer con una situación. Es en momentos como estos que su guía está presente. Los guías han hecho que su única misión sea ayudarlos con su evolución y despertar. Lo maravilloso de ellos es que le ofrecen una visión mucho más elevada y amplia de la vida, la espiritualidad y lo que su alma está aquí para lograr. La mayoría de las veces, su guía le conoce mejor de lo que usted se conoce a sí mismo. Esto es importante porque pueden ofrecerle una comprensión más profunda de por qué está pasando por los desafíos que enfrenta y los caminos que puede usar para superarlos.

Los guías pleyadianos son conocidos por ofrecer apoyo emocional y energético. De vez en cuando, la vida le sacudirá con algo tan traumatizante que experimentará bloqueos emocionales. Se da cuenta de que no eres capaz de acceder a las energías universales con facilidad como solía hacerlo. Su guía pleyadiano puede ayudarlo siempre que todo esté al revés y nada salga como usted quiere. Tienen la ventaja de ver dónde está bloqueado (energéticamente) y cómo puede deshacerse de él. Cuando involucra a su guía en todos los aspectos de su vida, vivirá una vida armoniosa y equilibrada.

Expandir su conciencia y despertar a su lado espiritual no es tarea fácil; Necesitará ayuda. No hay mejor ser que pueda ofrecer esta ayuda que su guía. Él se asegura de que pueda elevar su vibración y acceder a niveles más altos de conciencia. Lo hará ayudándole a desbloquear su potencial espiritual que ha permanecido latente todo este tiempo.

Su guía también se asegura de que experimente la sanación en todos los niveles y le guiará hacia prácticas energéticas y emocionales que le ayuden a volver a estar completo. Esta sanación y plenitud son necesarias para que exprese su potencial más elevado.

Si está confundido acerca del propósito de su vida o en qué contratos del alma puede estar involucrado, su guía pleyadiano puede ayudarle. Puede pedirle a su guía que le revele información valiosa de sus vidas pasadas. Si lo desea, pueden ayudarle a comprender las conexiones kármicas que tiene en el presente, así como las lecciones que debe aprender y las experiencias que ha elegido para usted como alma. Sus guías también pueden ayudarle a desarrollar una conexión más profunda con los reinos superiores y una mejor intuición y otros dones espirituales, por lo que le resulta más fácil conectarse con lo divino.

Es posible que se haya preguntado por qué termina en ciertas situaciones difíciles si se supone que debe tener un guía que siempre le cuida. Tenga en cuenta que los pleyadianos siempre respetarán su libre albedrío. Nunca infringirán sus elecciones personales. Lo mejor que pueden hacer es ofrecerte apoyo y orientación a través de su intuición, pero si ignora esa orientación, las consecuencias recaen sobre usted.

Recuerde que la relación de cada semilla estelar con su guía no es un cortador de galletas; No espere que sus experiencias reflejen las de otra persona. Si quiere aprovechar todo lo que conlleva tener una relación con su guía pleyadiano, debe mantenerse abierto a ellos. Debe confiar en ellos plena e implícitamente y hacer todo lo posible para comprometerse con ellos. Este capítulo proporciona orientación sobre cómo puede fomentar esa relación.

Creando un espacio sagrado

Crear un espacio sagrado para conectarse con su guía pleyadiano es vital. Cuando tiene un espacio sagrado, las probabilidades de profundizar tu conexión con esta entidad y obtener su guía aumentan drásticamente. Piense en el espacio sagrado como un contenedor que separa su práctica de cualquier otra cosa mundana. Por lo tanto, cada vez que entra en su espacio sagrado, deja atrás todos los pensamientos y energías no esenciales que podrían distraerle de la tarea. De esta manera, puede alinearse con su guía y sacar el máximo provecho de su sesión con ellos. Las siguientes son algunas sugerencias para crear un espacio sagrado para su práctica espiritual.

Elija una ubicación. Su espacio sagrado puede ser al aire libre o en el interior. Todo lo que importa es que sea un lugar cómodo, privado y sin distracciones. También quiere que sea una parte de la habitación con la que se identifique profundamente. Tal vez sea solo una esquina, el centro de un jardín o un altar que haya instalado. Cuando elija este lugar, solo debe usarlo para su práctica espiritual. De esta manera, puedes seguir construyendo la energía para que sea más fuerte. También programa su mente subconsciente para que sea más receptiva a los mensajes de su guía.

Ahora, es el momento de limpiar y despejar el lugar. El hecho de que haya elegido un lugar no significa que sea todo lo que se requiere para deshacerse de cualquier energía persistente que pueda no servirle, y es por eso que practicas la limpieza y limpieza energética. Puede rociar el lugar con agua salada o difuminar con palo santo o salvia. También puede usar cuencos tibetanos y campanas para ayudar a despejar y limpiar la energía. Es importante que cada vez que quiera utilizar este espacio, limpie también su energía. Esto significa dejar de lado cualquier emoción negativa o pensamiento perturbador que le moleste. También es una buena práctica tomar un baño de sal, beber salvia o meditar primero.

Establezca su intención para su espacio sagrado. Su intención debe ser su deseo de conectarse con su guía pleyadiano y recibir lo que más necesite. Visualice su intención como una energía que es amor y luz.

Si aún no tiene uno, construya un altar. No tiene por qué ser complicado, ni es necesario. El altar podría ser un estante, una mesa o algún área donde puedas colocar objetos que te importen o que resuenen con su trabajo de energía pleyadiana. Puede poner velas, imágenes de santos, símbolos, mandalas, cristales o lo que quieras en su altar. Algunos cristales excelentes con los que puede querer trabajar para aprovechar la energía pleyadiana incluyen labradorita, cuarzo azul y amatista.

Incorpore todos los elementos en su espacio sagrado. Los cuatro elementos clásicos son la tierra, el aire, el fuego y el agua. Puede tener una pequeña planta en maceta, sal o tierra para extraer la energía del elemento tierra. Use incienso para representar el elemento aire. Una vela encendida pone en juego el elemento fuego. Finalmente, un pequeño cuenco de agua en tu altar o en cualquier otro lugar de su espacio sagrado traerá la energía del agua.

Coloque símbolos y arte pleyadianos a su alrededor. Podría ser una simple imagen de las Siete Hermanas u otra simbología pleyadiana con la que resuene. Además, piense en el ambiente y la iluminación de su espacio sagrado. Es posible que desee mantenerlo tenue, por lo que eso significa usar velas. Las luces LED también están bien, si pueden crear el ambiente que busca.

Haga sus ofrendas. Podría ofrecer cualquier cosa significativa para mostrarle al guía pleyadiano que se dedica a desarrollar su relación con ellos. Su ofrenda puede ser cualquier cosa, desde flores y oraciones hasta cristales y comida.

Ahora que tiene su espacio sagrado, debe mantenerlo seguro, limpio y sin molestias. Recuerde que el propósito de este lugar es profundizar su conexión, cultivar energía y hacer que su guía se presente para usted de manera destacada todos los días. Respete el espacio sagrado. Úselo diariamente para intensificar la energía positiva de las Pléyades y afectar su vida positiva y profundamente.

Ejercicios de visualización guiada

En esta sección, aprenderá cinco ejercicios de visualización guiada que pueden ayudarle a conectarse con su guía pleyadiano.

1. **El viaje de la unidad celestial:** Después de meditar durante 5 a 10 minutos, nota cómo tu mente está más tranquila. Con los ojos cerrados, imagínese de pie en un prado. Esta pradera es exuberante. En lo alto está el cielo nocturno como un dosel estrellado. En su mente, observa a las hermanas pleyadianas mientras cuelgan sobre usted. Fíjese en el cálido resplandor de su energía. Ahora imagine que de las Siete Hermanas, desciende un rayo de luz celestial. Esta luz se mueve por todas partes. Pasa a través de usted, y luego se convierte en una esfera a su alrededor. Deje que la luz le levante de los terrenos de la pradera y luego al aire. Deje que le eleve más alto hasta que flote ante las siete hermanas en toda su gloria. Ahora observe que su cuerpo se desvanece gradualmente y se convierte en una luz, al igual que la luz que le rodea. Permitan que su energía de luz se fusione con la de las Pléyades hasta que sean uno con ella.

2. **Jardines etéreos pacíficos:** Visualice entrar en un jardín etéreo con todas las flores imaginables. Todas las flores florecen brillantemente. El paisaje que tiene ante usted no es más que hermoso. Todo se ve sereno y le calma. Mientras está parado en el jardín, observa la suave brisa que sopla. Dese cuenta de que esta brisa no es más que energía pleyadiana. Esta brisa lleva el amor y la sabiduría pleyadianos. Sienta la brisa moviéndose a su alrededor todo el tiempo que quiera. Cuando esté listo, inicie una conversación con su guía. Hágale saber sus inquietudes y confíe en que recibirá una respuesta en ese momento o más tarde.

3. **Los caminos del despertar:** Imagine que está en un camino celestial de oro, diamantes y estrellas brillantes. A medida que sube cada escalón, recuerda la sensación de estar con su familia pleyadiana. Sienta la alegría de reunirse con alguien perdido hace

mucho tiempo mientras sube estos escalones. En la parte superior de las escaleras hay un ser de luz. Este es su guía pleyadiano. Acérquese a él con amor en su corazón, y cuando llegue al último escalón, salúdelo con un cálido abrazo. Dígale todo lo que le gustaría y luego dele una cálida sonrisa al terminar la conversación y dele las gracias.

4. **El templo cósmico:** Para este ejercicio, imagine que entra en un templo sagrado. Este templo brilla con una luz iridiscente. Se da cuenta de que los patrones de luz se reproducen en el aire al entrar en el templo. Imagine estas luces moviéndose a su alrededor y a través de usted, llenándole de una profunda sensación de paz. Continúe caminando por el templo hasta que se encuentre con una cámara especial. Esta cámara pertenece a su guía pleyadiano. Entre en el santuario prestando atención a los hermosos símbolos y la geometría sagrada que le rodea. Ahora siéntese con su guía y comulgue con él con energía o palabras.

5. **Ascensión luminiscente:** Imagínese a usted mismo envuelto en un capullo de luz. Esta luz es como el oro líquido, pero brilla como las estrellas. Sienta cómo su cuerpo se relaja mientras descansa en este capullo. Observe cómo su conciencia se expande, ocupando más espacio del que puede ocupar tu cuerpo físico. Ahora, imagine que su guía pleyadiano se acerca lleno de luz. Puede sentir el amor vibrando. Imagine que su guía le tiende la mano. Con una oleada de energía, se abren paso juntos hacia los reinos celestiales. A medida que viaja a través de las estrellas, siente el poder transformador que fluye de su guía hacia usted. Lo ve como la luz de la palma de su mano moviéndose hacia la suya, irradiando a través de todo su cuerpo. Esta vida está llena de amor, sabiduría y perspicacia que puede usar en su vida de vigilia.

Al trabajar con estas visualizaciones guiadas, le resultará fácil conectarse con su guía pleyadiano. Puede recibir de ellos toda la orientación que desee. Solo asegúrese de que antes de comenzar estos ejercicios, tenga la mente tranquila y esté en su espacio sagrado.

Otras técnicas de meditación

Meditación con mantras y respiración

1. Comience por sentarse en una posición cómoda. También es útil tener ropa cómoda. Lleve su atención a su respiración.
2. Inhalar. Cuando exhale, puede repetir un mantra relacionado con su intención de conectarse con su guía pleyadiano. Un ejemplo de un mantra podría ser: "Estoy abierto" o "Estoy listo".
3. Mantenga su atención en su respiración y en su mantra para ayudarle a aquietar su mente para que pueda estar en el estado adecuado para recibir la comunicación de su guía pleyadiano.
4. A medida que los pensamientos vengan a su mente (y lo harán), note que se ha distraído y luego libere suavemente los pensamientos. No se castigue por distraerse constantemente. En lugar de eso, alégrese de haberlo notado, luego vuelva a centrar su atención en su respiración y en el mantra.
5. Continúe esta meditación durante el tiempo que le resulte cómodo y mantenga la mente abierta a cualquier orientación o idea que pueda surgir.

Escaneo corporal

1. Primero, acuéstese o siéntese cómodamente y luego cierre los ojos.
2. Lleve su atención a su respiración. Inhale y exhale lo más profundamente que puedas para relajar su cuerpo. Cambie su conciencia al aquí y ahora.
3. Comience con la parte superior de la cabeza para escanear tu cuerpo. Va a trabajar hasta los dedos de los pies.
4. A medida que presta atención a cada parte de su cuerpo, observe si hay alguna opresión o tensión, y luego inhala profundamente. Al exhalar, libera la tensión en esa parte del cuerpo. Es posible que tenga que hacer esto varias veces antes de pasar a la siguiente parte de su cuerpo. Cuanto más profundo pueda relajarse, más fácil será recibir los mensajes. Por lo tanto, no tenga miedo de volver a tu cabeza y comenzar el proceso de relajación de nuevo tan pronto como haya terminado con los dedos de los pies.
5. Cuando su cuerpo se sienta completamente relajado, en el ojo de su mente, vea una columna de luz que fluye desde la base de su

columna vertebral hasta la parte superior de su cabeza.

6. Observe que a medida que la luz sale disparada por la parte superior de su cabeza, se conecta con las energías superiores en el cielo sobre usted.

7. Mantenga su atención en esta conexión que ha creado, y usando sus palabras o intención, pídale a su guía pleyadiano que esté presente.

Establecer una conexión a través del sonido

1. Puede poner música relajante si lo desea. Una búsqueda rápida en Internet debería mostrarte listas de reproducción que son excelentes para atraer la energía pleyadiana.

2. Acuéstese o siéntese cómodamente.

3. Cierre los ojos y preste atención a la música. Deje que el sonido le llene y le ayude a sintonizarse con las vibraciones superiores de las Siete Hermanas.

4. Mientras escucha el sonido, exprese la intención de conectarse con su guía. Sienta amor y aprecio por ellos porque sabe que aparecerán.

5. Cada vez que surjan pensamientos o distracciones, observe que se ha distraído. Vuelva a prestar atención a la música y al sentimiento de amor y aprecio.

Meditar con la naturaleza

1. Busque un lugar sereno y tranquilo al aire libre. Podría ser la playa, el jardín o cualquier otro lugar.

2. Siéntese o camine tranquilamente mientras disfruta de la belleza de su entorno.

3. Observe cómo la conexión entre usted y el mundo natural se intensifica cuanto más tiempo está allí. Esto es bueno porque los pleyadianos también están conectados con la sabiduría y la armonía de la naturaleza.

4. Continúe disfrutando de la paz de su entorno mientras pide que su guía pleyadiano se una a usted. Esté abierto a que su guía elija comunicarse con usted a través de la naturaleza misma.

5. Mientras esté allí, mantenga la mente abierta a cualquier símbolo o intuición que pueda surgir dentro de usted mientras se sienta o camina en meditación.

Todo esto funcionará mejor si mantiene una mente abierta. Sus intenciones de establecer un vínculo con su guía deben venir del corazón, y debe mostrar sinceridad. Tenga en cuenta que puede llevar algún tiempo y práctica antes de conectarse con su guía. Sin embargo, eso no significa que sus ejercicios diarios no estén funcionando. Debe tener paciencia y seguir adelante.

Uso de péndulos

Un péndulo es una excelente herramienta para conectarse con su guía pleyadiano y comunicarse con ellos. ¿Se pregunta qué es un péndulo? Es un objeto pequeño y pesado que cuelga de una cuerda o una cadena. Sosteniendo el péndulo por la cadena, puede balancear el objeto hacia adelante y hacia atrás o en círculos. El péndulo es una herramienta de adivinación que se ha utilizado durante siglos y se considera confiable. Lo mejor del péndulo es que le ayuda a conectarse con su intuición y las energías dimensionales superiores que le rodean. Sin más preámbulos, aquí le explicamos cómo usar el péndulo para comunicarse con su guía.

Primero, debe elegir un péndulo. Podría ir a una tienda de arte y manualidades de la nueva era. O puede hacer uno usted mismo si lo desea. Lo importante es elegir materiales que resuenen con usted y con la energía pleyadiana. Tendrá que conectarse con su péndulo, por lo que no puede elegir el primero que encuentre. Cuando tenga el adecuado en sus manos, lo sabrá.

A continuación, debe dejar claras sus intenciones. Antes de usar su péndulo, asegúrese de saber lo que quiere lograr. En este caso, debe comunicarse con su guía. Por lo tanto, tómese unos minutos para concentrarse en esa intención.

Ahora que su intención está establecida, es hora de energizar y limpiar su péndulo. Es posible que su péndulo haya sido manejado por muchas personas antes, por lo que es importante eliminar sus energías para que no interfieran con tu práctica. ¿Cómo limpia y energiza su péndulo? Use salvia para difuminarlo, póngalo a la luz de la luna o pon cristales a su alrededor.

Es hora de calibrar su péndulo. No puede empezar a usar un péndulo de inmediato. Establezca en qué direcciones se balancea cuando dice "sí", "no" y "tal vez". Primero, sostenga la cuerda o cadena del péndulo entre el dedo índice y el pulgar. Esto debería permitir que el peso en el otro extremo se balancee libremente. Mantenga la mano firme y observe lo que hace el péndulo cuando está neutral. A continuación, hágale preguntas que obviamente tengan respuestas afirmativas. Fíjese en la dirección en la que se balancea cuando responde a sus preguntas afirmativas. Luego hágale preguntas que obviamente tengan un "no" como respuesta. Fíjese en la dirección del columpio. Por último, formule preguntas que tengan respuestas ambiguas. Este paso es importante porque es la forma en que descubre lo que le dice su péndulo o lo que le dice su guía usando su péndulo más adelante.

Haga preguntas de sí o no. Después de calibrar su péndulo y pasar un tiempo meditando en su espacio sagrado, es hora de hacerle algunas preguntas a su guía. Comience con preguntas que sean fáciles de responder para que pueda usarlas como referencia para conectarse con su guía. Puede hacerle estas preguntas a su guía en voz alta o en su mente. No importa.

Tiene que interpretar las respuestas de su péndulo. Observe los patrones, la dirección y la velocidad a la que oscila su péndulo. A medida que hace preguntas, debe asegurarse de aprovechar su intuición y confiar plenamente en ella. Cuanto más confíe en su intuición al interpretar las respuestas, más precisas serán sus interpretaciones.

Mantenga su enfoque. Debe mantenerse con los pies en la tierra durante todo el proceso. Ahora no es el momento de preocuparse por otras cosas en su vida. Mantenga la calma y los pies en la tierra. Supongamos que siente que estás perdiendo el control de una sesión. En ese caso, todo lo que necesita es hacer una pausa e inhalar y exhalar profundamente, imaginando raíces rojas que surgen del suelo debajo de usted y se conectan con su cuerpo. Imagine toda la energía nerviosa como una sustancia negra y humeante que fluye a través de esas raíces hacia la tierra. Deje que el humo le abandone para siempre, sintiéndose más tranquilo.

Ofrezca su agradecimiento y libere la energía. Cuando haya terminado de comunicarse con su guía pleyadiano, es hora de agradecerle su ayuda. Después de agradecerles, suelte la conexión energética que ha establecido a través de su péndulo.

Nunca olvide que su péndulo es una herramienta que le permite conectarse con su conocimiento interno y su guía superior, y no reemplaza su intuición. Solo está destinado a ayudarle a conectarse con su guía pleyadiano. Por lo tanto, debe practicar el discernimiento a medida que interpreta los mensajes que llegan. Además, cuanto más practique el trabajo con su péndulo, más precisas serán las respuestas.

Uso de tarjetas del Oráculo

1. Elija una baraja de cartas del Oráculo. Podría optar por un mazo que tenga imágenes pleyadianas si puede encontrarlo.
2. Establezca su intención. ¿Qué tipo de mensajes le gustaría recibir de su guía? Diga su intención en voz alta o fíjela en su mente.
3. Baraje las cartas. Mientras baraja, sea amable al respecto y mantenga su atención en su intención. Imagine su intención como una luz blanca que fluye a través de las palmas de sus manos y hacia las cartas. Mientras lo hace, rece una oración rápida para invitar a su guía pleyadiano.
4. Cuando esté listo, robe una carta. Debe asegurarse de estar en contacto con su intuición mientras lo hace. Si le ayuda, puede elegir un método específico para robar cartas. Por ejemplo, puede extender las cartas en un abanico o en línea recta y robar la que le llame.
5. Ahora, mire la tarjeta y observe las imágenes en ella. Si tiene geometría o texto sagrado, considere lo que eso significa. Reflexione sobre la conexión entre lo que quiere aprender y lo que ve en la tarjeta. Confíe en su intuición a medida que los pensamientos surjan en su mente.
6. Saque su diario y escriba su experiencia. Tome nota de todo lo relacionado con su interpretación de la carta y las sensaciones, emociones y pensamientos que surgieron mientras trabajaba con ella. Llevar un diario es bueno porque le permite integrar lo que ha descubierto en lugar de olvidarlo. Por lo tanto, resista la tentación de omitir este paso.
7. Puede robar otra carta si necesita más aclaraciones sobre cualquier tema. Robe tantas cartas como necesite para obtener claridad. Recuerde, no se trata solo de elegir las cartas, sino de enfocarse en ellas y ver lo que revela su intuición.
8. Por último, reflexione sobre todo lo que ha aprendido y descubra cómo aplicar esas lecciones de forma práctica a su vida diaria.

Uso de cristales

Los cristales son una herramienta eficaz que puede utilizar para amplificar las conexiones pleyadianas. Para conectarse con su guía, considere la posibilidad de trabajar con estas gemas. Aquí hay un proceso paso a paso que puede usar:

1. Primero, seleccione sus cristales. Lo ideal es elegir cristales que irradien energía pleyadiana. Los mejores para el trabajo energético incluyen cuarzo transparente, amatista, celestita, lapislázuli y cianita azul. Si su intuición te lleva a otras piedras además de las de esta lista, siéntase libre de incorporarlas.

2. A continuación, tiene que energizar y limpiar sus cristales. Para asegurarse de que su energía sea pura, debe exponerlos bajo el agua para eliminar la energía residual de otras personas que pueden no servir para sus propósitos. Alternativamente, puede difuminar sus cristales con palo santo o salvia. Cuando haya terminado, puede cargar sus cristales a la luz de la luna o de la luz del sol, o enterrándolos en la tierra durante la noche. También puedes sostenerlos en sus manos, establecer su intención de recargar sus cristales e imaginar que esa energía fluye a través de sus palmas y hacia sus cristales.

3. A continuación, debe infundir estos cristales con energía pleyadiana. Puede pedirle a su guía que le ayude con este proceso. Alternativamente, imagine a las Siete Hermanas irradiando luz directamente a los cristales frente a usted.

4. Ahora es el momento de meditar con sus cristales en su espacio sagrado. Puede poner los cristales en su cuerpo o sostenerlos en sus manos. Si los pone en su cuerpo, puede colocarlos sobre los distintos centros de chakras. Cierre los ojos y comience a respirar profundamente para relajarse. A medida que flota más profundamente en la relajación, imagine que la energía de las Pléyades le está llenando, amándole y apoyándole.

5. Abra su corazón y su mente para recibir todos los mensajes del reino pleyadiano de la existencia. Preste atención a cualquier sensación, imagen o percepción que destelle en su mente mientras medita. Como siempre, mantenga una actitud de confianza y apertura.

6. Finalmente, es hora de que exprese su gratitud e integre su experiencia. Agradezca a su guía por venir una vez más, y luego tómese un tiempo para escribir en un diario todo lo que experimentó y notó durante su práctica. La integración también implica pensar en formas de tomar lo que ha aprendido y ponerlo en práctica en su vida diaria.

¿Quiere mejorar en el contacto con su guía pleyadiano usando cristales? Practique regularmente. Cuando se mantiene consistente con ella, solo aumentará su competencia y su conexión con las energías pleyadianas con el tiempo.

Canalización intencional

La canalización intencional es permanecer abierto a los mensajes de los seres de dimensiones superiores. Muchas personas asumen que canalizar es lo mismo que estar poseído, pero ese no es el caso, ya que está a cargo de su cuerpo durante todo el proceso. Los siguientes son pasos a seguir para practicar la canalización intencional.

1. Prepare su espacio sagrado con cristales, velas, buena música y cualquier otra cosa que necesite. Asegúrese de que no haya nada que le distraiga de su tarea.

2. Ahora debe conectarse a tierra y centrarse para asegurarse de tener una conexión poderosa con las energías de los guías pleyadianos. Si quiere conectarse a tierra, respire profundamente e imagine raíces que salen de sus pies o glúteos y se adentran en la Tierra. También puede imaginar un rayo de luz que se dispara desde la parte superior de su cabeza hacia el cielo, conectando con las Siete Hermanas.

3. Ahora es el momento de establecer su intención lo más claramente posible. Declare que está listo para recibir una comunicación clara de su guía. Diga que desea que estos mensajes sean para su mayor bien.

4. Es el tiempo de recurrir a la protección y la luz divinas. ¿Hay otras entidades con las que esté acostumbrado a trabajar? Puede pedirles que formen parte del proceso. Pídales que estén presentes y que le protejan de la energía que puede tratar de secuestrar el proceso de canalización. También ayuda imaginar una esfera de luz dorada a su alrededor que mantiene a raya toda forma de maldad y ninguna energía vibratoria.

5. Ahora es la ocasión de meditar. Permita que su cuerpo se relaje y su mente se tranquilice mientras lo hace. Use cualquier técnica de meditación que funcione para usted. Lo ideal es que sienta que su conciencia se expande hacia afuera. A medida que se expanda, se abrirán más a las energías superiores que los rodean.
6. El siguiente paso es mantener la mente y el corazón abiertos mientras se conecta con su guía pleyadiano. Haga cualquier pregunta que tenga. Comparta sus preocupaciones o intenciones. Debe rendirse y estar completamente abierto para que su presencia y sabiduría puedan fluir a través de usted. Debe ser paciente consigo mismo y con ellos y tener una confianza implícita en el proceso.
7. Observe las imágenes, las palabras, los símbolos, los sentimientos y las impresiones que surgen para usted a medida que canaliza esta energía. Si necesita expresar sus mensajes a través de la palabra hablada, hágalo. Solo asegúrese de tener un dispositivo de grabación que capture todo lo que está diciendo. También es posible que prefiera permitir que la información fluya a través de usted mediante la escritura automática. En este caso, debe tener un bolígrafo y un bloc de notas listos y permitir que su mano se mueva como se sienta. No importa cuán confusos o abstractos parezcan los mensajes, este no es el momento de tratar de analizarlos. Puede hacer su análisis cuando hayas terminado con su canalización. A medida que escuche o lea lo que ha escrito o hablado, asegúrese de tomar nota de las ideas y buscar formas de basarlas en la realidad.
8. Ahora es el momento de dar las gracias a su guía pleyadiano por aparecer y responder a sus preguntas. Agradézcale por su constante presencia y amor en su vida, y luego termine la sesión energética con gratitud.

Ahora ha dominado los diversos procesos para conectarse con su guía pleyadiano. Bueno, ¿y ahora qué? La evolución de su alma no es solo para propósitos egoístas. Tiene la tarea de convertirse en un trabajador de la luz. Pero, ¿de qué se trata el trabajo? Todo eso y más lo descubrirá en el capítulo final de este libro.

Capítulo diez: Sanación y trabajo de la luz

¿Qué es el trabajo con la luz?

El trabajo de la luz se trata de traer intencionalmente positividad, sanación y amor a todos [16]

A todo el mundo le vendría bien un poco de amor y positividad en sus vidas. La Tierra necesita urgentemente estas cosas. El trabajo de luz se trata de traer intencionalmente un cambio positivo, sanación y amor a todos y cada uno. Los trabajadores de la luz son las personas que eligieron nacer en la Tierra porque tenían el propósito de difundir la luz. Están aquí para elevar la conciencia colectiva del planeta. Es un trabajador de la luz si es una semilla estelar pleyadiana, seguro. Tiene que aprender a trabajar con energías espirituales y otras herramientas para ayudar a otros a despertar como usted lo has hecho.

Con su ascendencia pleyadiana, usted es responsable de ayudar a la misión de traer sabiduría, amor y luz a todos los seres de la Tierra. Hay muchas maneras en las que su empleo como trabajador de la luz puede ayudar a la causa del desarrollo espiritual. En primer lugar, no solo debe despertar y expandir su conciencia, sino que debe ayudar a otros a hacer lo mismo. El trabajo con la luz es un proceso que le permite extraer del pozo infinito de dones espirituales que yacen dentro de usted. Con estos dones, ayuda a los que le rodean a crecer y sanar del trauma que los mantiene atrapados en patrones debilitantes.

Como sabe, la sanación y el cambio son temas inevitables cuando se hace trabajo de luz. Es un agente de transformación. Su misión no es solo ascender en su viaje espiritual personal, sino ayudar a otros a hacer lo mismo para que el planeta mismo pueda finalmente evolucionar hacia lo que está destinado a ser.

Otra cosa espiritualmente significativa acerca del trabajo de la luz como semilla estelar pleyadiana es que puede difundir la compasión y el amor a todos y cada uno. Cuanto más irradie estas cualidades, más fácil será para los que le rodean emularle para que sus vibraciones también puedan elevarse. Al elegir ser el ejemplo de compasión y amor, facilita que otros creen relaciones armoniosas y, en última instancia, las mejores y más amorosas comunidades.

Usted, como trabajador de la luz, tiene la misión de servir como un ancla para que las vibraciones y frecuencias más elevadas fluyan libremente en la Tierra. Cuanto más reconozca su papel como trabajador de la luz y haga lo mejor que pueda para encarnarlo, más fácil será que la conciencia colectiva se eleve. Esto implica que la Tierra estará llena de unidad, amor y crecimiento espiritual.

Inevitablemente, usted, querido trabajador de la luz, será parte de la co-creación de la nueva Tierra. Mire a su alrededor, y está claro que la Tierra está realmente a punto de ser revisada. Su dedicación es trabajar junto a los pleyadianos para crear un nuevo paradigma de conciencia que conduzca a una mayor iluminación en la Tierra.

Si bien es bueno manifestar una nueva casa, una relación amorosa y una excelente carrera, tiene un llamado aún mayor. Usted está aquí para asegurar que la nueva Tierra se manifieste. Esta nueva Tierra está enraizada en la armonía, la paz, el amor y la evolución espiritual. Así de importante espiritualmente es su papel como trabajador de la luz.

Características de la luz pleyadiana

El amor y la compasión son las principales características del trabajo de la luz pleyadiana. Como trabajador de la luz pleyadiana, sentirá una profunda conciencia de amor y compasión dentro de su corazón. Dondequiera que vaya, el amor incondicional que irradia de usted es inconfundible. Esto se debe a que después de su despertar y a medida que experimenta el crecimiento espiritual, se da cuenta de que cada ser está conectado entre sí. Por lo tanto, envía amor en todo lo que hace. Diga lo que diga, sean cuales sean las decisiones que tome, todas ellas surgen de un lugar de amor. Es intencional. Siembre una semilla de amor en cada corazón que encuentre.

Ser un trabajador de la luz pleyadiana implica que tiene alguna habilidad o maestría con respecto a la sanación y los asuntos energéticos. No es extraño si se siente naturalmente atraído por el equilibrio de chakras, el reiki u otras modalidades de energía para la curación y la restauración. La energía curativa fluye a través de usted sin obstáculos, y la gente a menudo puede sentir esto.

Como trabajador de la luz, también está fuertemente conectado con su intuición. Nunca hay un momento en el que no pueda acceder a la guía divina superior. Sabe que siempre puede apoyarse en su intuición porque está seguro de que puede confiar en sí mismo. Tiende a recibir profundas percepciones, mensajes y guía del reino pleyadiano y de otros seres de dimensiones superiores. Entiende la importancia de confiar en la intuición para descubrir su camino espiritual y ayudar a otros a despertar a quiénes son.

Los trabajadores de la luz pleyadiana traen equilibrio y armonía a diferentes energías. Esto significa que puede sentir cuando hay falta de armonía en la habitación. Puede darse cuenta cuando hay algo que está energéticamente apagado. Además, es notable para disipar la tensión y devolver las cosas al equilibrio. Esto se debe a que es un sanador natural; Todas las relaciones y situaciones se benefician de su presencia en ellas o alrededor de ellas.

Como trabajador de la luz pleyadiana, es responsable de la conciencia de unidad y de la colaboración colectiva. Usted sabe que el propósito final del trabajador de la luz solo puede cumplirse trabajando con todos. Por lo tanto, usted es particular a la hora de fomentar la cooperación y el apoyo siempre que pueda.

Ser un trabajador de la luz pleyadiana significa que tiene conciencia multidimensional. En otras palabras, está abierto a perspectivas que la mayoría de la gente desconoce. Además, es consciente de otros reinos y dimensiones de la existencia. Pueden ir a estos reinos y abrirse camino a través de ellos para obtener sabiduría y conectarse con los ocupantes de dimensiones superiores de ese reino. Lo que sea que obtenga de ese reino es algo que puede traer de vuelta a la Tierra para su mayor bien.

La característica final del trabajador de la luz pleyadiana es un profundo respeto y reverencia por la Tierra. Esto significa que le apasiona mantener el medio ambiente sostenible. Quiere asegurarse de que el mundo siga siendo verde. Se da cuenta de la importancia del equilibrio y la armonía entre la naturaleza y la humanidad. Y no tiene miedo de hacer lo que sea necesario para garantizar que el equilibrio permanezca intacto o al menos que se conserve tanto como sea posible.

Comprenda que estos rasgos también se aplican a los trabajadores de la luz de otros sistemas estelares además de las Pléyades. Sin embargo, estos a menudo se asocian con los trabajadores de la luz del sistema estelar pleyadiano. Si no sabe por dónde empezar, pida ayuda a sus guías. Es posible que deba consultar el capítulo anterior para encontrar la mejor modalidad para hacerlo.

¿Puedo ser un trabajador de la luz independientemente de mi religión?

Algunos argumentan que el trabajo con la luz no es algo que deba hacer si es de ciertos orígenes religiosos. Estas personas afirman que ciertas doctrinas religiosas tienen enseñanzas que no encajan con las ideas de trabajo de la luz. Por ejemplo, señalan que, dado que debe adorar a una deidad y a nadie más, no puede comprometerte con otras ideas espirituales.

Otro punto a considerar es que hay religiones que insisten en que solo hay un camino verdadero: el suyo. No pueden imaginar que pueda haber otro camino hacia la iluminación espiritual o la salvación. Debido a esta actitud excluyente, es imposible para estas personas siquiera considerar trabajar con enseñanzas y prácticas de otras filosofías espirituales.

También hay que tener en cuenta la cuestión del sincretismo: la integración de varios sistemas de creencias para formar uno completamente nuevo. Esta es la misma forma en que las religiones africanas habían sido sincretizadas para crear otras nuevas que escaparan a la detección de sus amos coloniales. Aquellos que argumentan que el sincretismo es una amenaza están preocupados porque ven el trabajo de luz como una combinación irrespetuosa de diferentes caminos espirituales.

Otro argumento en contra de la práctica de la luz es que algunas tradiciones son estrictas en cuanto a apegarse a ciertos rituales religiosos, dogmas y líderes. En otras palabras, religiones como estas no permiten la intuición ni la autorreflexión individual. Como es una práctica que requiere revisarse a sí mismo y seguir su intuición, estas religiones, argumentan, no se alinean con el trabajo con la luz.

Sin embargo, habiendo planteado todos estos puntos, debe recordar que el trabajo con la luz es algo que todo el mundo puede hacer independientemente de su trasfondo religioso. Por un lado, se basa en principios universales. Estos principios incluyen la sanación, el amor, la pasión y el servicio. ¿Cómo podrían estos principios ser la antítesis de otras religiones? Estos principios son un tema común en todas las religiones. El trabajo con la luz es simplemente la amplificación y expansión de estos principios.

Otra cosa es que los viajes espirituales son una cuestión de interpretación personal. Esto significa que las creencias religiosas, aunque aparentemente objetivas, serán interpretadas subjetivamente. El trabajo con la luz le permite reunir diferentes aspectos de varias religiones para encontrar algo verdadero para usted. Al final del día, independientemente de su afiliación religiosa, su práctica siempre será personal.

Otra razón por la que está bien que sea un trabajador de la luz, independientemente de su trasfondo religioso, es que el trabajo con la luz trata de temas espiritualmente importantes y no de dogmas rígidos. Ser un trabajador de la luz significa que entiende que hay múltiples maneras de crecer espiritualmente: ninguna religión tiene el "camino definitivo a la salvación". El trabajador de la luz elige celebrar otros caminos en lugar de denigrarlos.

Su enfoque está en la unidad y la unicidad. En otras palabras, reconoce que todas las religiones tienen un objetivo: el amor. Todas las religiones quieren que las personas evolucionen espiritualmente a mayores alturas. Y a todas las religiones les gustaría ver a la humanidad existir en armonía. Por lo tanto, es una invitación a ir más allá de las fronteras y divisiones religiosas para que los individuos puedan unirse como un colectivo.

Un último punto a considerar acerca de por qué puede y debe ser un trabajador de la luz es que le empoderará para conectarle directamente con la sabiduría y la guía dentro de usted. El trabajo con la luz trata de fomentar el cambio a nivel personal. Estará más motivado a ser proactivo en su evolución espiritual. Por estas razones y muchas más, si descubre que es una semilla estelar pleyadiana, debe abrazar su deber plenamente, independientemente de la religión en la que haya nacido.

Técnicas de trabajo con luz

Puede usar las siguientes técnicas de trabajo con la luz.

Meditación de sanación y transformación

1. Primero, busque un lugar cómodo y tranquilo donde no lo molesten ni lo distraigan durante al menos 10 a 15 minutos.
2. Siéntese o acuéstese, cierre los ojos y lleve su atención a su respiración. Respire profundamente unas cuantas veces para permitir que su mente y su cuerpo se relajen.
3. En el ojo de su mente, ve una luz dorada radiante que flota sobre usted. Esta luz es divina.
4. Observe esta luz descendiendo lentamente hacia usted y entrando en su cuerpo a través de la coronilla. Permita que esta luz fluya desde tu cabeza a cada célula de tu cuerpo. Observe que esta luz energiza sus centros de energía desde su chakra de la corona hasta su chakra raíz.
5. Sienta esta energía mientras limpia todo su cuerpo y mente. Además, permita que le dé energía fresca para enfrentarse a cualquier cosa.
6. Tenga la intención de permitir que esta luz continúe sanándolos y cambiándolos según sea necesario. Intente que la luz fluya hacia cualquier parte de su cuerpo que necesite ser sanada.

También puede canalizar esta luz a aspectos de su psique que requieren transformación y sanación.
7. Puede permanecer en este estado de meditación todo el tiempo que quiera antes de que finalmente termine con gratitud y salga de él.

Visualización de la luz divina y resultados positivos
1. Busque un lugar tranquilo y cómodo donde pueda sentarse sin distracciones.
2. Cierre los ojos y respire profundamente durante unas cuantas respiraciones para conectarse a tierra y centrarse.
3. En su mente, imagine una luz brillante y pura que desciende del cielo. Permita que esta luz entre en su cuerpo a través del chakra de la corona.
4. Observe esta luz divina a medida que fluye a través de su cuerpo. Siéntala mientras hace que su cuerpo sea más ligero y limpio, energéticamente y de otra manera.
5. Ahora, si hay una situación que le gustaría resolver o una persona a la que le gustaría ayudar, tráigala a su mente. Visualice esta luz divina envolviendo la situación o la persona. A medida que la luz los rodea, arregle todo lo que necesita ser resuelto.
6. Imagine que esta luz impregna la situación o a la persona con energía curativa positiva.
7. Puede continuar sosteniendo esta visión durante el tiempo que sienta necesario, y cuando esté listo para salir de ella, asegúrese de expresar gratitud a las energías que le han ayudado.

Canalización de la sanación física, emocional y espiritual
1. Empiece por conectarse a tierra y centrarse en respirar profundamente.
2. Establezca la intención de conectarte con la luz divina que traerá sanación.
3. Ponga ambas manos en cualquier parte de su cuerpo que necesite sanar. Si no está trabajando en usted mismo, ponga sus manos sobre la persona a la que estás ayudando con la curación.
4. Cierre los ojos e imagine que la luz divina fluye a través de ambas manos y hacia esta área del cuerpo. Es pura energía curativa. Ayuda ver esta luz como un hermoso verde esmeralda.

5. Entienda que está sirviendo como un canal para esta luz divina. En otras palabras, debe confiar en que la luz sabe a dónde ir y cómo actuar en la parte del cuerpo que necesita sanación.
6. Permanezca en este estado todo el tiempo que desee hasta que sienta intuitivamente que es hora de terminar la sesión. Mientras esté en este estado, debe continuar viendo la energía divina derramándose de sus manos hacia la parte del cuerpo.
7. Salga de ella expresando gratitud. Comprenda que lo que ha hecho traerá un cambio real y positivo. Por lo tanto, en lugar de buscar señales de que lo que hizo funcionó, confíe en el proceso y deje que las cosas fluyan.

Afirmaciones positivas para alinearse con la divinidad y reforzar las creencias positivas

1. Saque su diario y tómese un tiempo para elaborar afirmaciones positivas en línea con sus intenciones y deseos.
2. Vaya a un lugar cómodo y tranquilo donde pueda repetir estas afirmaciones en voz alta una y otra vez para usted mismo. Tenga en cuenta que si no quiere repetirlas en voz alta, puede decirlas una y otra vez en su mente.
3. Céntrese respirando profundamente durante unas cuantas respiraciones y lleve su atención al aquí y ahora.
4. Cuando se sienta centrado y con los pies en la tierra, comience a repetir sus afirmaciones. Debe sentir la energía de ellos mientras los pronuncia. En otras palabras, debe decir en serio cada palabra.
5. Permita que el sentimiento de verdad y poder en sus afirmaciones le abrume. Si lo está haciendo bien, cada célula de su ser vibrará de emoción.
6. Haga de estas afirmaciones un hábito diario. Va a necesitar más de una sesión. Lo ideal es que nunca deje de hacer estas afirmaciones. Incluso después de haber logrado su objetivo, debe continuar usando estas afirmaciones.

Un sencillo ejercicio de gratitud

1. A primera hora de la mañana, tómese un tiempo para pensar en la abundancia en su vida. Hay muchas maneras en las que es bendecido constantemente. Dese tiempo y las cosas comenzarán a flotar en su conciencia.

2. Ahora, encuentre un lugar agradable y tranquilo para sentarse cómodamente y concentrarse.
3. Cierre los ojos. Inhale profundamente unas cuantas veces para que pueda sentirse conectado a tierra y centrado.
4. Ahora, recuerde todo aquello por lo que está agradecido. No importa lo insignificante que creas que es. Solo sea agradecido.
5. Al inhalar y exhalar, permita que el sentimiento de gratitud le llene de pies a cabeza. Preste atención a cómo se siente su corazón mientras dejas que este sentimiento de agradecimiento y alegría inunde todo su ser.
6. Déjese vencer por el sentimiento de aprecio por todo lo bueno que ha llegado a su vida.
7. Alternativamente, puede expresar su agradecimiento escribiendo un diario, usando una lista de gratitud o diciendo "gracias" repetidamente.

Comprenda que, independientemente de las técnicas que elija, todas son efectivas. No existe una regla estricta sobre cómo debe usarlas. Si se siente atraído a combinar varias de ellas, hágalo. Una vez más, vale la pena repetir que puede modificarlas de acuerdo a sus creencias o de acuerdo con lo que su intuición le pida que haga en el momento de la práctica. De cualquier manera, obtendrá resultados fenomenales.

Conclusión

Finalmente, ha llegado al final de este libro. Si ha estado prestando atención y ha elegido integrar el mensaje aquí, entonces el conocimiento, las percepciones y las prácticas que ha adquirido causarán un cambio radical dentro de usted. Al elegir ser parte de la exploración pleyadiana de la espiritualidad, encontrará más de lo que es. Usted también experimentará sanación. También descubrirá que el despertar nunca termina. Este camino por el que camina es uno en el que debe sentirse honrado de estar.

A lo largo de este libro, ha aprendido todo lo que hay que saber sobre las enseñanzas pleyadianas. Ha leído sobre sus raíces cósmicas, los principios que aprecian, así como los mensajes perspicaces que la humanidad necesita escuchar con urgencia.

Lo más probable es que haya llegado a descubrir su conexión con la raza pleyadiana, su energía y cómo estas cosas afectan la evolución de su alma. Ahora, debería ser capaz de reconocer las energías que le rodean y le apoyan. Al profundizar aún más en la espiritualidad pleyadiana, experimentará una expansión en su conciencia.

Usted, alma valiente, se ha abierto a increíbles posibilidades de verdades cósmicas y reinos superiores más allá de cualquier cosa que pueda imaginar. Descubrirá en términos prácticos el poder de la compasión, la unidad y el amor en tu vida y en la vida de los que le rodean. Estos son los fundamentos de las enseñanzas pleyadianas que le ayudarán a recordar la divinidad que yace dentro de usted. Nunca más olvidará que es parte del todo.

Este libro le ha equipado con varias técnicas, herramientas y prácticas espirituales que apoyan su viaje. Con estas herramientas, descubrirá quién es y finalmente vivirá alineado con el verdadero propósito de su alma. Desde elegir trabajar con guías pleyadianos, descubrir la geometría sagrada y aprender sobre los lenguajes de luz que le ayudan a activar el ADN dormido dentro de usted, su vida está a punto de cambiar exponencialmente. Esto se debe a que, ya sea que se dé cuenta o no, acaba de aprovechar las poderosas y transformadoras energías pleyadianas, y ellas te darán todo lo que necesita para abrazar su potencial espiritual. Los cambios positivos que manifestará en su vida y en el mundo que le rodea parecerán desalentadores, pero cuando se acostumbra, *la magia sucede.*

Habiendo trazado el camino de una estrella a la otra en el sistema de las Pléyades en las páginas de este libro, debe entender que el poder del conocimiento que ha adquirido no está simplemente en tenerlo en su cabeza, sino en aplicarlo. No permita que esto sea una búsqueda intelectual. Ser una semilla estelar pleyadiana es experimentar lo que eso significa. Será un viaje personal lleno de desafíos, pero vale la pena. Trabajar con la espiritualidad pleyadiana es una invitación de su alma, ya que le pide que explores los tesoros que tiene reservados para usted. Se trata de conectarse con las energías de la luz, el amor y la armonía todos los días.

Que todo lo que ha aprendido en este libro resuene profundamente en su alma y le lleve al siguiente nivel en su viaje espiritual. Que sea empoderado para encarnar plena y confiadamente la energía de la creación de espiritualidad en cada aspecto de su vida. Recuerde siempre quién es: un ser radiante y hermoso, lleno de luz, capaz de hacer tantos cambios poderosos dentro de sí mismo y en el mundo en general.

Cada ser humano tiene papeles esenciales y distintos que desempeñar. Como semilla estelar pleyadiana, ha sido convocado para brillar tanto que todos le vean. Esto significa que debe despertar a la verdad acerca de quién es para convertirse en un agente de transformación positiva en la Tierra. Por lo tanto, se le pide que haga las paces con sus dones innatos y los comparta con todos. De esta manera, puede crear una realidad llena de armonía e iluminación.

Así que, querida semilla estelar pleyadiana, que las energías le guíen siempre. Que siempre le nutran en todos sus caminos. Que le dejen sintiéndose inspirado a medida que avanza en su viaje espiritual. Que siempre recuerde que es un ser divino y que en su corazón hay infinitas posibilidades de grandeza. Que la sabiduría, la luz y el amor de las Siete Hermanas de los Cielos impregnen siempre su vida.

Glosario

Activación: Es el desbloqueo de las habilidades latentes que tiene un humano.

Era de Acuario: Una época astrológica que conduce al despertar de la conciencia colectiva.

Ascensión: Elevar la conciencia para ser aún más consciente.

Despertar: Tomar conciencia de la mayor parte de uno mismo y de que hay más en la vida y la existencia de lo que uno era consciente anteriormente. Es adquirir conciencia de otras dimensiones de la existencia y del alma.

Chakras: También conocidos como centros de energía, mantienen el sistema energético del cuerpo funcionando como debería y pueden usarse como portales para canalizar la energía de la conciencia superior.

Canalización: Proceso que implica la transmisión de mensajes de seres de otras dimensiones a través de un ser humano, conocido como *canal* a otros.

Conciencia: La conciencia del ser, que impregna todo y todos los seres que existen, conocidos y desconocidos.

Anteproyecto divino: El modelo del alma destinado a ser expresado a través de la vida de uno.

Limpieza energética: La limpieza del campo de energía natural para erradicar las energías de baja vibración y permitir una fácil ascensión y expansión de la conciencia.

Intuición: Guía desde el interior o desde otros seres de dimensiones superiores.

Lenguaje de luz: Un lenguaje basado en la energía que requiere frecuencias, sonidos y símbolos, lo que puede causar cambios en la conciencia.

Trabajador de la luz: Una persona que trabaja con inteligencia y energías de dimensiones superiores para ayudar al mundo a sanar y ascender en conciencia.

Astrología pleyadiana: Astrología utilizada en conjunción con la sabiduría pleyadiana.

Guías pleyadianos: Estos son pleyadianos que ofrecen a los humanos su apoyo, guía y sabiduría en asuntos espirituales.

Pleyadianos: Seres que provienen del sistema estelar pleyadiano con un poderoso conocimiento espiritual y cósmico para compartir con la humanidad y el resto del cosmos.

Geometría sagrada: Formas que forman los componentes básicos de la vida y poseen energías únicas para diversos propósitos.

Misión del alma: La misión que se supone que un alma debe cumplir en este mundo y en esta vida.

Semilla estelar: Un alma que solía ser parte de un sistema estelar (como las Pléyades, Orión, etc.) que ha encarnado en la Tierra para ayudar a la humanidad a expandir su conciencia.

Vea más libros escritos por Mari Silva

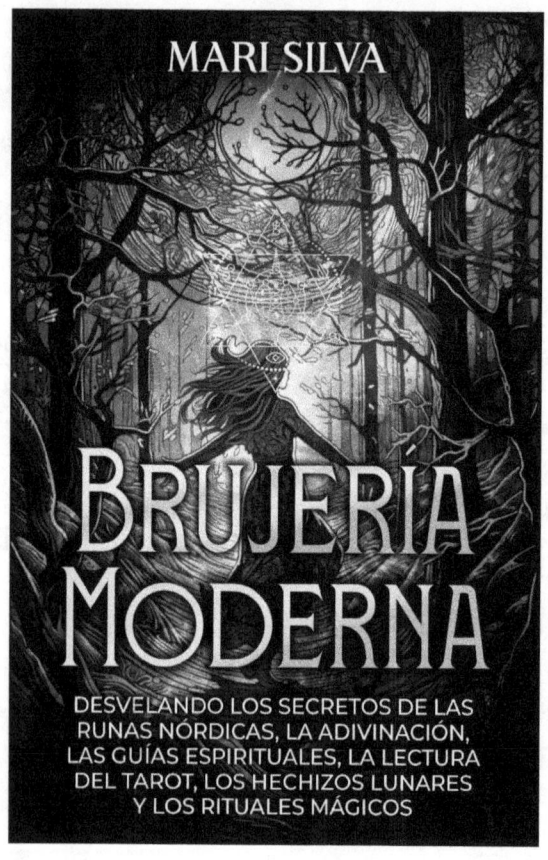

Su regalo gratuito

¡Gracias por descargar este libro! Si desea aprender más acerca de varios temas de espiritualidad, entonces únase a la comunidad de Mari Silva y obtenga el MP3 de meditación guiada para despertar su tercer ojo. Este MP3 de meditación guiada está diseñado para abrir y fortalecer el tercer ojo para que pueda experimentar un estado superior de conciencia.

https://livetolearn.lpages.co/mari-silva-third-eye-meditation-mp3-spanish/

¡O escanee el código QR!

Referencias

Bekbassar, N. (2002). Astronomy in Kazakh Folk Culture. Paper presented at the SEAC 2002 Tenth Annual Conference, Tartu, Estonia.

Bekbassar, N. (2007). Pleiades in the Kazakh Ethnoastronomy. Paper presented at the 15th Annual Meeting of the European Society for Astronomy in Culture, Klaip÷da, Lithuania, July 22-31, 2007.

CrystalWind.ca. (n.d.). The 12 Divine Pleiadian Laws - Pleiadian Light Forces. http://www.crystalwind.ca/starseed-messages/the-pleiadians/the-12-divine-pleiadian-laws-pleiadian-light-forces

Fey, T. (2022, June 5). What is a Pleiadian starseed? 29 powerful signs you are one. Nomadrs. https://nomadrs.com/pleiadian-starseed/

Feyerick, A., Gordon, C. H., & Sharma, N. M. (1996). Genesis: World of Myths and Patriarchs. NYU Press. ISBN 0814726682.

Gaia. (n.d.). Am I a Starseed? Types & Characteristics. https://www.gaia.com/article/am-i-a-starseed-types-characteristics

Gibson, S. J. (n.d.). http://www.naic.edu/~gibson

Hand Clow, B. (1995). The Pleiadian Agenda: A New Cosmology for the Age of Light. Santa Fe, NM: Bear and Company Publishing.

Hawkins, G. S., & White, J. B. (1965). Stonehenge Decoded. Doubleday.

https://www.keen.com/articles/astrology/what-is-a-starseed-and-what-does-it-mean-in-astrology

Japingka Aboriginal Art. (n.d.). Star Dreaming - Seven Sisters. https://japingkaaboriginalart.com/articles/star-dreaming-seven-sisters/

Keen. (n.d.). What is a Starseed and What Does it Mean in Astrology?

Korff, K. K. (2010). Spaceships of the Pleiades. Prometheus Books.

Marciniak, B. (2010). Path of empowerment: New Pleiadian wisdom for a world in chaos. New World Library.

Massey, G. (1998). The Natural Genesis. Black Classic Press. ISBN 1574780093.

Mayastar Academy. (n.d.). Pleiadian DNA Clearing & Activation Course. https://www.mayastar.net/pleiadiandna.htm

Monique Chapman. (n.d.). Pleiadian Earth Astrology. https://moniquechapman.com/pleiadian-earth-astrology/

Muller, W. M. (2004). Egyptian Mythology. Kessinger Publishing.

Murphy, A., & Moore, R. (2008). Island of the Setting Sun: In Search of Ireland's Ancient Astronomers. Liffey Press. www.mythicalireland.com

Natural History Museum. (n.d.). Are we really made of stardust? https://www.nhm.ac.uk/discover/are-we-really-made-of-stardust.html

Orleane, P. S., & Smith, C. B. (2013). Conversations with Laarkmaa: A Pleiadian View of the New Reality. Balboa Press.

Partridge, C. (2015). Channeling extraterrestrials: Theosophical discourse in the space age. In Handbook of Spiritualism and Channeling (pp. 390-417). Brill.

Pleiades Observing Project. (n.d.). http://www.ast.cam.ac.uk/~ipswich/Observations/Pleiades_Observing_Proj/POP.htm

Pleiadian Family. (n.d.). How to Contact Pleiadians - Part 1: The App. https://www.pleiadianfamily.net/post/how-to-contact-pleiadians-part-1-the-app

Rappenglück, M. A. (1999). Earth, Moon, and Planets, 85(86), 391-404. doi:10.1023/A:1006216413733

Ruggles, C. L. N. (2005). Ancient Astronomy. ABC-Clio. ISBN 1851094776.

Salla, M. E. (2005). A Report on the Motivations and Activities of Extraterrestrial Races-. Exopolitics. Org.

Sinclair, R. M. (2005). The Nature of Archaeoastronomy. In J. W. Fountain & R. M. Sinclair (Eds.), Current Studies in Archaeoastronomy (ISBN 0890897719).

Think About It. (n.d.). The Pleiadians. https://thinkaboutit.site/aliens/the-pleiadians/

Windows to the Universe. (n.d.). Krittika (Pleiades). https://www.windows2universe.org/mythology/Krittika_pleiades.html

Fuentes de imágenes

[1] https://unsplash.com/photos/cXVkDKZ_ikE
[2] https://unsplash.com/photos/9wH624ALFQA
[3] https://www.pexels.com/photo/silhouette-of-people-stargazing-2901134/
[4] https://commons.wikimedia.org/wiki/File:Consciousness_phenomenal-functional_.png
[5] https://www.pexels.com/photo/group-of-people-holding-arms-461049/
[6] https://unsplash.com/photos/TbuescuqMjA
[7] https://www.pexels.com/photo/meditating-woman-standing-in-front-of-a-projection-6932066/
[8] Till Credner, CC BY-SA 3.0 <https://creativecommons.org/licenses/by-sa/3.0>, vía Wikimedia Commons: https://commons.wikimedia.org/wiki/File:AquariusCC.jpg
[9] Imagen de Victoria de Pixabay https://pixabay.com/photos/dna-biology-the-science-dna-helix-7090994/
[10] Fred the Oyster, CC BY-SA 4.0 <https://creativecommons.org/licenses/by-sa/4.0>, vía Wikimedia Commons: https://commons.wikimedia.org/wiki/File:Astrological_Chart_--_New_Millennium.svg
[11] https://unsplash./com photos/vs-PjCh5goo
[12] Centro de Vuelo Espacial Goddard de la NASA de Greenbelt, MD, EE. UU., CC BY 2.0 <https://creativecommons.org/licenses/by/2.0>, a través de Wikimedia Commons: https://commons.wikimedia.org/wiki/File:Hubble_Peers_into_the_Storm_(29563971405).jpg
[13] CC0 Dominio Público https://www.publicdomainpictures.net/en/view-image.php?image=151336&picture=flower-of-life
[14] Imagen de Victoria de Pixabay https://pixabay.com/illustrations/meditation-spiritual-yoga-zen-6988318/
[15] https://www.pexels.com/photo/women-sitting-on-black-chairs-facing-each-other-while-having-a-conversation-9065326/
[16] https://unsplash.com/photos/e3jKBZoRnTs

www.ingramcontent.com/pod-product-compliance
Lightning Source LLC
Chambersburg PA
CBHW072153200426
43209CB00052B/1170